MARCHÉ BONSECO

TOUJOURS FAIM!

Édition: Ann Châteauvert
Design graphique (intérieur et couverture): Brian Finn
Traitement des images: Johanne Lemay
Révision: Lucie Desaulniers
Correction: Sylvie Massariol

Photographies: Renaud Robert et William Langlais
À l'exception de:
Archives personnelles: p. 16, 17, 154-159, 224
Unsplash: p. 2, 18-23, 204-205, 207
Stylisme culinaire: Laurent Dagenais

Catalogage avant publication de Bibliothèque et Archives nationales du Québec et Bibliothèque et Archives Canada

Titre: Toujours faim! / Laurent Dagenais.
Noms: Dagenais, Laurent, auteur.
Description: Comprend un index.
Identifiants: Canadiana (livre imprimé) 20220020361 | Canadiana (livre numérique) 2022002037X | ISBN 9782761960878 | ISBN 9782761960885 (livre numérique)
Vedettes-matière: RVM: Cuisine. | RVMGF: Livres de cuisine.
Classification: LCC TX714.D34 2022 | CDD 641.5—dc23

DISTRIBUTEURS EXCLUSIFS:

Pour le Canada et les États-Unis:
MESSAGERIES ADP inc.*
Téléphone : 450-640-1237
Internet: www.messageries-adp.com
* filiale du Groupe Sogides inc.,
filiale de Québecor Média inc.

Pour la France:
INTERFORUM ÉDITIS
Téléphone: 33 (0) 1 49 59 11 89 / 12 40
Service commandes France Métropolitaine
Téléphone: 33 (0) 2 38 32 71 00
Internet: www.interforum.fr
Service commandes Export — DOM-TOM
Internet: www.interforum.fr
Courriel: cdes-export@interforum.fr

Pour la Suisse:
INTERFORUM editis SUISSE
Téléphone: 41 (0) 26 460 80 60
Internet: www.interforumsuisse.ch
Courriel: office@interforumsuisse.ch
Distributeur: OLF S.A.
Commandes:
Téléphone: 41 (0) 26 467 53 33
Internet: www.olf.ch
Courriel: information@olf.ch

Pour la Belgique et le Luxembourg:
INTERFORUM BENELUX S.A.
Téléphone : 32 (0) 10 39 59 54
Internet: www.interforum.be
Courriel: Export.Belgique@interforum.fr

05-23

Imprimé au Canada

Dépôt légal: 2022
Bibliothèque et Archives nationales du Québec

ISBN (version papier) 978-2-7619-6087-8
ISBN (version numérique) 978-2-7619-6088-5

Gouvernement du Québec – Programme de crédit d'impôt pour l'édition de livres – Gestion SODEC – www.sodec.gouv.qc.ca

L'Éditeur bénéficie du soutien de la Société de développement des entreprises culturelles du Québec pour son programme d'édition.

Conseil des arts du Canada | Canada Council for the Arts

Nous remercions le Conseil des arts du Canada de l'aide accordée à notre programme de publication.

Financé par le gouvernement du Canada
Funded by the Government of Canada
Canada

Nous reconnaissons l'aide financière du gouvernement du Canada par l'entremise du Fonds du livre du Canada pour nos activités d'édition.

TOUJOURS FAIM!

Laurent Dagenais

PHOTOGRAPHIES PAR
RENAUD ROBERT ET WILLIAM LANGLAIS

LES ÉDITIONS DE L'HOMME

TABLE DES MATIÈRES

INTRODUCTION

J'ai toujours cru que le destin faisait bien les choses. Cette idée, je me la suis répété très souvent dans les moments d'incertitude de ma vie personnelle et professionnelle. Être présentement assis devant mon ordinateur en train d'écrire un livre de recettes est assurément une preuve que le destin a plus d'un tour dans son sac. Constater à quel point ma vie a complètement changé depuis que je crée du contenu, c'est de la science-fiction pour moi. On se dit toujours que ça n'arrive qu'aux autres jusqu'à ce que ça nous arrive à nous. Même si je ne montre pas cette facette de moi dans mes vidéos, je suis en bataille constante contre le fameux syndrome de l'imposteur…

À mes débuts en cuisine, j'étais le premier à faire des blagues sur les cuisiniers devenus des célébrités. Pour moi, la seule façon d'être « un vrai » impliquait de faire partie d'une brigade de cuisine, d'être au front, dans les tranchées, à travailler 15 heures par jour pour un salaire de crève-faim. Pourquoi ? Pour obtenir la validation, si rare mais si appréciée, du chef de cuisine. Est-ce que je crois encore qu'il faut passer par cette étape pour devenir « un vrai » chef ou cuisinier ? Oui, à 100 %, mais je pense aussi que l'important, c'est de faire ce qu'on aime. J'espère pouvoir encourager d'autres personnes à suivre leurs passions… peu importe où cela peut mener, dans une cuisine ou devant une caméra !

Je crois sincèrement que la cuisine a fait de moi une meilleure personne. Je ne sais pas où je serais aujourd'hui si on ne m'avait pas poussé à suivre un cours de cuisine il y a dix ans. Je n'ai jamais aimé l'école, et ma moyenne générale en était la preuve ! Après un an au cégep, à suivre un programme qui m'intéressait moins que de passer mes pauses à fumer dans le parc, j'ai tout lâché. L'idée de travailler dans le *skate shop* du coin me semblait beaucoup plus amusante… Jusqu'à ce que mes parents exigent que je paie un loyer si je n'étais plus aux études. Boum.

Après plusieurs années à naviguer dans le monde culinaire, notamment à Whistler, en Colombie-Britannique, j'ai perdu l'envie de travailler dans une cuisine professionnelle. Je me suis alors tourné vers le côté obscur de la force : le service en restauration ! Pendant quelques mois, mon expérience (dont quelques traces subsistent dans ce livre !) m'a aussi mené derrière un bar. Lorsque je suis revenu à Montréal, j'ai collaboré à l'ouverture d'un nouveau resto en tant que gérant, puis j'ai commencé à gravir les échelons : directeur général d'un autre restaurant, partenaire et directeur des opérations de deux établissements… C'est pendant cette période que j'ai commencé mes vidéos de bouffe. Elles m'aidaient à garder ma passion pour la cuisine bien vivante !

Quand la pandémie a frappé et que les restaurants et les bars ont fermé, j'ai commencé à créer de plus en plus de contenu. Même à petite échelle (à l'époque), je voyais que les quelques abonnés qui me suivaient semblaient vraiment apprécier mes recettes et la façon dont je les présentais. C'est ma copine Amandine qui filmait mes vidéos. Après plusieurs tentatives, elle a réussi à me convaincre d'ouvrir un compte TikTok pour les diffuser. Hum… J'hésitais, convaincu que cette application s'adressait seulement aux ados et qu'on y trouvait uniquement des vidéos de danse au goût douteux. C'est après avoir publié l'une de nos premières vidéos, qui est devenue virale durant la nuit, que j'ai compris le vrai potentiel de cette plateforme. Quelques mois plus tard, je quittais mon emploi, ma stabilité financière, mes assurances et tous les avantages qui venaient avec pour me consacrer à plein temps à cette nouvelle aventure.

Plusieurs m'ont encouragé, d'autres m'ont déconseillé de me lancer. Aujourd'hui, je peux affirmer que ce saut dans le vide est la meilleure décision que j'ai prise de toute ma vie. Comme je le disais, les vidéos sont une façon de stimuler ma passion pour la cuisine. J'ai maintenant la chance de partager cette passion avec plus d'un million d'abonnés dans le monde et d'en vivre.

Le livre que vous tenez entre vos mains n'a pas pour but de vous présenter les dernières tendances culinaires ou les techniques révolutionnaires utilisées dans les restaurants les plus étoilés de ce monde. Il est à l'image de ce que vous avez pu voir dans mes nombreuses vidéos sur les réseaux sociaux : sans prétention, mettant de l'avant des ingrédients de qualité traités avec respect, et proposant des techniques de base bien exécutées. Cet ouvrage, c'est aussi l'occasion de partager des tranches de vie et des anecdotes, reliées (ou pas) au monde de la bouffe, et se veut un rappel amical à tous et à toutes que la cuisine, c'est le partage, c'est l'amour, c'est l'amitié et, surtout, c'est le plaisir !

Je vous le répète, le destin fait bien les choses ! Si ce livre peut vous donner envie de cuisiner, j'aurai rempli ma mission. Et j'espère secrètement que mes recettes vous donneront toujours faim…

J'avais faim.

Encore faim…

MOLSON
MOLSON

CHAPITRE 1

CONDIMENTS

CITRONS CONFITS

INGRÉDIENTS

15 citrons

300 g (1 tasse) de gros sel n° 8

100 g (1/2 tasse) de sucre

1 c. à soupe de grains de poivre

Jus de citron, en quantité suffisante pour couvrir les citrons

Un incontournable de la cuisine maghrébine, ce condiment est surtout utilisé pour agrémenter des plats comme le couscous ou le tajine, mais sa saveur rehaussera toutes tes recettes. Il est simple à préparer, mais son goût est complexe. Le sel, le sucre, l'acide et le temps transformeront un simple citron en une explosion de saveurs.

DONNE	PRÉPARATION	MACÉRATION
2 pots Mason de 1 litre (4 tasses)	30 minutes	6 semaines

Laver les citrons, faire quelques incisions dans la peau et les écraser en récoltant le jus. Réserver le jus.

Dans un bol, mélanger les citrons avec le gros sel, le sucre et le poivre, en s'assurant que les assaisonnements pénètrent bien dans les incisions.

Répartir les citrons dans deux pots Mason de 1 litre (4 tasses) et les couvrir de jus. Au besoin, compléter avec de l'eau. Bien tasser les citrons dans les pots afin qu'ils soient complètement couverts de liquide. Garder au réfrigérateur au moins 6 semaines.

PIMENTS BIQUINHO MARINÉS

INGRÉDIENTS

80 g (1/2 tasse) de piments biquinho

250 ml (1 tasse) d'eau

250 ml (1 tasse) de vinaigre blanc

2 gousses d'ail

1 c. à café de grains de poivre noir

3 c. à soupe de sucre

3 c. à soupe de sel

Ces petits piments en forme de goutte, aussi appelés « larmes du diable », sont originaires du Brésil. Étonnamment, ils ne sont pas très piquants. Leur force peut varier selon le sol et le climat dans lesquels ils poussent. Ils sont très croustillants et juteux, et leur saveur rappelle légèrement celle des agrumes, avec une finale un peu fumée, comme leur cousin éloigné, le habanero. Une fois marinés, non seulement tes précieux piments se conserveront très bien au réfrigérateur, mais leur saveur atteindra un niveau supérieur. C'est le condiment parfait pour épater la galerie lors de ton prochain apéro !

DONNE	**PRÉPARATION**	**CUISSON**
1 litre (4 tasses)	5 minutes	5 minutes

Déposer les piments dans un pot Mason de 1 litre (4 tasses).

Dans une petite casserole, à feu moyen, porter à ébullition l'eau, le vinaigre, l'ail, le poivre noir, le sucre et le sel. Verser le mélange sur les piments biquinho. Laisser refroidir complètement. Conserver dans le pot Mason au frigo.

GRAINES DE MOUTARDE MARINÉES À L'ÉRABLE

INGRÉDIENTS

8 graines de coriandre

6 grains de poivre

2 clous de girofle

150 g (2/3 tasse) de graines de moutarde

310 ml (1 1/4 tasse) de vinaigre de vin blanc

125 ml (1/2 tasse) d'eau

125 ml (1/2 tasse) de sirop d'érable

2 feuilles de laurier

Une pincée de sel

Si tu veux impressionner tes invités la prochaine fois que tu reçois, ajoute quelques graines de moutarde marinées sur une salade de betteraves ou sur un plateau de charcuterie. Pour des points bonus, dis-leur que c'est du caviar de moutarde !

DONNE	PRÉPARATION	CUISSON
1 litre (4 tasses) environ	5 minutes	10 minutes

Dans une petite poêle, à feu moyen-doux, torréfier à sec (sans aucun corps gras) les graines de coriandre, les grains de poivre et les clous de girofle jusqu'à ce qu'ils dégagent leur arôme. Retirer du feu et transférer dans une petite casserole.

Ajouter le reste des ingrédients et, à feu moyen-vif, porter à ébullition.

Baisser le feu et laisser frémir environ 10 minutes. Retirer la casserole du feu et laisser refroidir à température ambiante.

Goûter et, au besoin, ajouter du vinaigre et/ou du sirop d'érable, au goût. Transférer dans un pot stérilisé et conserver au réfrigérateur. Si le mélange devient trop épais après quelques jours ou semaines parce que les graines de moutarde ont absorbé tout le liquide, ajouter 1 cuillère à soupe de vinaigre, et le tour sera joué !

AIL DES BOIS MARINÉ

INGRÉDIENTS

450 g (1 lb) d'ail des bois frais

1 litre (4 tasses) de vinaigre blanc

250 g (1 1/4 tasse) de sucre

Une pincée de sel

1 c. à soupe de poivre noir en grains

2 branches de thym

Ahhh, l'ail des bois ! Ce produit prisé par les chefs est aussi bon que difficile à se procurer au Québec. Les restaurants de la Belle Province en commandent donc chez nos voisins ontariens. Pourquoi ? Parce que, depuis 1995, l'ail des bois, considéré comme une espèce vulnérable, profite d'une protection juridique au Québec. Il est interdit d'en vendre et seule sa récolte en petite quantité est autorisée. La meilleure façon de pouvoir consommer ce produit dont la saison est plutôt courte, c'est de le faire mariner. Tu peux utiliser le bulbe d'ail des bois mariné comme une câpre dans tes préparations, et ajouter la marinade dans tes vinaigrettes.

DONNE	PRÉPARATION	CUISSON	MACÉRATION
2 pots Mason de 1 litre (4 tasses)	10 minutes	5 minutes	1 semaine

Répartir l'ail des bois dans deux pots Mason de 1 litre (4 tasses).

Dans une casserole, à feu moyen-vif, porter à ébullition le vinaigre, le sucre et le sel.

Couler le vinaigre à chaud sur l'ail des bois. Ajouter le poivre et le thym.

Réfrigérer environ 1 semaine.

CORNICHONS À L'ANETH

INGRÉDIENTS

6 ou 7 concombres Kirby

MARINADE

500 ml (2 tasses) de vinaigre blanc

500 ml (2 tasses) d'eau

75 g (1/4 tasse) de sel

1/4 c. à café de chlorure de calcium (Pickle Crisp de marque Bernardin)

Une pincée de graines de moutarde

Une pincée de poivre noir en grains

Un bouquet d'aneth en fleur

Un des condiments les plus populaires en Amérique du Nord et en Europe, les cornichons sont les rois des légumes marinés. Je ne me rappelle pas mon premier french kiss, mais je me rappelle mon premier cornichon. Mon père m'a appris très jeune (merci à lui) que, si tu vas au Schwartz's Deli sur la Maine, à Montréal, tu commandes le smoked meat avec une frite, un Cott à la cerise noire, pis un cornichon. Rien d'autre. Si tu n'as pas encore de pot de cornichons dans ton frigo, c'est ta chance de te reprendre.

DONNE	PRÉPARATION	MACÉRATION
2 pots Mason de 1 litre (4 tasses)	2 jours	1 mois

Jour 1. Laver les concombres et les laisser tremper dans un bol d'eau glacée 30 minutes. Réserver les concombres au réfrigérateur.

Dans une casserole moyenne, porter à ébullition tous les ingrédients de la marinade, sauf l'aneth. Retirer du feu et laisser refroidir. Réserver au froid.

Jour 2. Répartir les concombres dans deux pots Mason de 1 litre (4 tasses). Verser la marinade froide sur les cornichons et ajouter les branches d'aneth. Réfrigérer.

Attendre un mois avant de déguster !

SALSA VERDE À L'ANANAS GRILLÉ

INGRÉDIENTS

1 oignon blanc, coupé en rondelles de 2,5 cm (1 po)

2 oignons verts

6 tomatillos

4 à 6 piments jalapenos

2 piments bananes verts

2 piments poblanos

1/2 ananas, pelé et le cœur retiré

6 c. à soupe d'huile d'avocat, divisée

5 gousses d'ail

1 botte de coriandre

1 avocat

Le jus de 3 citrons verts

1 c. à café de chili ancho moulu

1 c. à café de chili guajillo moulu

1 c. à café de piment chipotle moulu

1 c. à café de graines anatto moulues

1 c. à café de coriandre moulue

1 c. à café de cumin moulu

1 c. à café d'origan moulu

Sel, au goût

3 ou 4 glaçons

Cette salsa-là, c'est épouvantablement bon ! La salsa en pot achetée à l'épicerie, c'est juste bon pour les nachos. Si tu veux être le roi des tacos à ta prochaine fiesta mexicaine, dépose un bol de salsa verde à l'ananas grillé sur la table, et le tour sera joué !

DONNE	PRÉPARATION	CUISSON
1 litre (4 tasses) environ	20 minutes	6 minutes

Déposer l'oignon, les oignons verts, les tomatillos, les piments et l'ananas sur une grande plaque de cuisson et saler généreusement. Verser 2 cuillères à soupe d'huile d'avocat.

Sur un gril ou dans une poêle bien chaude, colorer le mélange environ 2 ou 3 minutes de chaque côté.

Une fois qu'ils sont bien grillés, transférer les légumes au mélangeur ou au robot culinaire. Ajouter l'ail, la coriandre, l'avocat, le jus de citron vert, le reste de l'huile d'avocat, les épices, du sel et les glaçons. Mixer jusqu'à l'obtention d'une sauce bien lisse. Rectifier l'assaisonnement au besoin.

SALSA TROPICALE

INGRÉDIENTS

1 oignon rouge, coupé en brunoise

2 tomates, coupées en petits dés

1 mangue, coupée en petits dés

1 piment banane, épépiné et coupé en brunoise

1 piment habanero, épépiné et coupé en brunoise

1 piment poblano, épépiné et coupé en brunoise

1/2 botte de coriandre, ciselée finement

Le jus et le zeste de 2 ou 3 citrons verts

3 c. à soupe d'huile d'avocat

1/2 c. à soupe de cumin moulu

1 c. à soupe d'assaisonnement à tajine

Sel, au goût

La première fois que j'ai fait cette salsa, c'était pour une vidéo de tacos aux crevettes sur une plage à Sayulita, sur la côte ouest du Mexique. Je suis assez confiant quand je cuisine pour d'autres personnes, mais, cette fois-là, j'avais des goûteurs mexicains, et la pression était bien présente. Heureusement, grâce aux sourires et aux high five, *j'ai compris que c'était mission accomplie.*

DONNE
1 litre (4 tasses) environ

PRÉPARATION
20 minutes

Dans un bol, mélanger tous les ingrédients. Rectifier l'assaisonnement au besoin. Réserver au réfrigérateur.

SAUCE BBQ

INGRÉDIENTS

1,25 litre (5 tasses) de sauce tomate

180 ml (3/4 tasse) de mélasse

250 ml (1 tasse) de miel

250 ml (1 tasse) de vinaigre

1/4 c. à café de sauce piquante

1/4 c. à café de poudre de chili

1 1/2 c. à café de sel

Quelques gouttes de sauce Worcestershire

1 c. à café de poudre d'ail

1 c. à café de piment d'Alep

Pour mener tes côtes levées ou ton effiloché de porc à un niveau spatial, c'est la sauce que tu veux !

DONNE	PRÉPARATION	CUISSON
1 litre (4 tasses) environ	5 minutes	10 à 15 minutes

Dans une casserole, à feu moyen, porter tous les ingrédients à ébullition. Baisser à feu moyen-doux et cuire de 10 à 15 minutes ou jusqu'à ce que la préparation ait réduit de moitié et ait la consistance désirée.

HUILE DE ZAATAR

—

INGRÉDIENTS

1 c. à soupe de sumac moulu

1 c. à soupe de cumin moulu

1 c. à soupe de thym séché

1 c. à soupe de graines de sésame grillées

1 c. à café de sel

1 c. à café de poivre

500 ml (2 tasses) d'huile végétale

—

On entend de plus en plus souvent le mot zaatar en cuisine, mais personne ne sait vraiment ce que c'est ! Zaatar, c'est le nom d'une famille d'herbes, mais c'est aussi le nom d'un mélange d'épices qui inclut ces herbes, des graines de sésame grillées, du sumac et, souvent, du sel. J'aime bien en faire une huile parce que le mélange reste frais plus longtemps. C'est le condiment parfait pour ajouter à une vinaigrette, un yogourt aux herbes ou directement sur des légumes grillés. À utiliser sur tes viandes et légumes préférés !

DONNE	PRÉPARATION	CUISSON
1 litre (4 tasses) environ	5 minutes	5 minutes

Déposer tous les ingrédients, sauf l'huile, dans un contenant en verre ou résistant à la chaleur.

Dans une casserole, chauffer l'huile à 65 °C (150 °F), puis la verser doucement sur les ingrédients. Laisser refroidir et conserver au réfrigérateur dans un contenant hermétique.

CHAPITRE 2

SOUPES

GASPACHO AUX CONCOMBRES

INGRÉDIENTS

8 concombres libanais, coupés grossièrement

500 ml (2 tasses) de babeurre

12 gouttes de sauce piquante au jalapeno (tabasco vert)

Sel et poivre, au goût

Huile d'olive, au goût

GARNITURES

4 c. à soupe de crème sure

Quelques branches d'aneth

La recette parfaite pour commencer l'été du bon pied ! On peut la servir telle quelle ou y ajouter des morceaux de concombre, du fromage feta et des oignons rouges marinés.

PORTIONS	PRÉPARATION	RÉFRIGÉRATION
4	15 minutes	1 heure

Au mélangeur, mixer les concombres, le babeurre, la sauce piquante, du sel et du poivre jusqu'à l'obtention d'une préparation homogène.

Incorporer l'huile d'olive en filet.

Passer le gaspacho au tamis et réfrigérer au moins 1 heure.

Servir très froid dans des bols glacés, en garnissant d'une cuillère à soupe de crème sure et de quelques brins d'aneth.

CRÈME DE POMMES DE TERRE TOUTE GARNIE

Voici la soupe la plus réconfortante qui existe ! On ne réinvente pas la roue avec le bol en pain, mais l'idée est toujours gagnante. C'est comme manger une grosse patate au four toute garnie, mais la miche remplace la pelure.

DONNE	PRÉPARATION	CUISSON	REPOS
4 litres (16 tasses) environ	40 minutes	1 heure 10 minutes	10 minutes

CRÈME

2 c. à soupe d'huile d'olive

150 g (2/3 tasse) de beurre

1 oignon espagnol, coupé en tranches d'environ 2,5 cm (1 po)

1 poireau, nettoyé et coupé en rondelles d'environ 2,5 cm (1 po)

5 ou 6 gousses d'ail, pelées et écrasées

5 pommes de terre Yukon Gold, pelées et coupées en tranches d'environ 2,5 cm (1 po)

2,5 litres (10 tasses) de bouillon de légumes

2 ou 3 branches de thym

2 ou 3 branches de romarin

310 ml (1 1/4 tasse) de crème 35 %

Sel et poivre, au goût

POUR SERVIR

1 grosse miche de pain de style campagnard

10 tranches de bacon fumé cuites, coupées en dés ou émiettées

115 g (1 tasse) de fromage cheddar blanc, râpé

250 ml (1 tasse) de crème sure

5 ou 6 oignons verts, hachés finement

Poivre du moulin, au goût

Dans une grande casserole, à feu moyen, chauffer l'huile d'olive et le beurre. Une fois le beurre fondu, ajouter l'oignon, le poireau et l'ail. Saler et poivrer. Couvrir et faire suer à feu moyen-doux de 10 à 12 minutes ou jusqu'à ce que les légumes soient translucides, en remuant toutes les 3 ou 4 minutes pour les empêcher de colorer.

Ajouter les pommes de terre et les faire suer 3 ou 4 minutes. Ajouter le bouillon de légumes et porter à frémissement.

À l'aide d'une ficelle, faire un bouquet garni bien serré avec le thym et le romarin, et l'ajouter à la soupe.

Cuire à feu doux de 30 à 40 minutes ou jusqu'à ce que les pommes de terre soient fondantes. Laisser refroidir de 5 à 10 minutes.

Tordre le bouquet garni jusqu'à la dernière goutte dans la soupe, le jeter et ajouter la crème. Mixer à l'aide d'un pied-mélangeur jusqu'à l'obtention d'une consistance lisse. Goûter et rectifier l'assaisonnement au besoin.

Préchauffer le four à 200 °C (400 °F).

Avec un couteau à pain, tailler le haut de la miche et retirer la mie avec une cuillère, ou avec les mains, pour former un bol (de pain). Griller le pain au four de 8 à 10 minutes.

À la sortie du four, verser la soupe bien chaude directement dans le bol de pain et garnir de bacon, de fromage, de crème sure, d'oignons verts et d'un généreux « crack » de poivre du moulin.

SOUPE AUX PANAIS ET À L'ÉRABLE

INGRÉDIENTS

2 c. à soupe d'huile d'olive

2 c. à soupe de beurre

12 panais moyens, pelés

1 oignon, coupé en tranches

1 poireau, coupé en rondelles

4 ou 5 gousses d'ail, pelées et écrasées

2 branches de thym, ciselé

2 branches de romarin, ciselé

3 c. à soupe de sirop d'érable

180 ml (3/4 tasse) de vin blanc

1 litre (4 tasses) de bouillon de légumes

250 ml (1 tasse) de crème à cuisson épaisse

CROÛTONS

1 c. à soupe d'huile d'olive

1 c. à soupe de beurre

2 gousses d'ail, pelées et écrasées

1 branche de thym

1/2 baguette, coupée en dés

GARNITURE

Un filet d'huile d'olive

Le mélange panais et érable, c'est tout simplement incroyable. Je ne peux pas expliquer pourquoi, mais c'est une combinaison légendaire. Point.

PORTIONS	PRÉPARATION	CUISSON
4 à 6	20 minutes	45 minutes

Dans une grande casserole, à feu vif, chauffer l'huile d'olive et le beurre. Ajouter les panais et cuire de 6 à 8 minutes ou jusqu'à l'obtention d'une belle caramélisation. Baisser à feu moyen, ajouter l'oignon, le poireau et l'ail, et cuire 10 minutes ou jusqu'à ce qu'ils soient tendres et/ou translucides. Ajouter le thym et le romarin.

Verser le sirop d'érable, puis déglacer avec le vin blanc et cuire jusqu'à ce qu'il soit complètement réduit. Ajouter le bouillon de légumes, porter à ébullition et cuire de 20 à 25 minutes ou jusqu'à ce que les panais soient cuits. Incorporer la crème et laisser mijoter 2 minutes.

Transférer dans un mélangeur et pulser jusqu'à ce que la soupe ait une texture homogène et lisse.

Pendant la cuisson de la soupe, dans une poêle, chauffer l'huile d'olive et le beurre, et cuire l'ail, le thym et les dés de pain jusqu'à ce qu'ils soient croustillants et dorés. Remuer fréquemment les croûtons pour éviter qu'ils brûlent.

Garnir la soupe des croûtons et d'un filet d'huile d'olive, et déguster.

SOUPE AU CHOU-FLEUR ET AUX PATATES DOUCES À L'HARISSA

La douceur du chou-fleur et le sucré des patates douces mélangés au piquant de l'harissa : c'est turbo bueno !

PORTIONS	PRÉPARATION	CUISSON
4 à 6	10 minutes	30 minutes

INGRÉDIENTS

1 oignon rouge, coupé en brunoise

2 c. à soupe d'huile d'olive

2 c. à soupe de beurre

4 gousses d'ail, pelées et hachées

2 c. à soupe de paprika fumé

1 1/2 c. à soupe de cumin moulu

1 c. à café de graines de fenouil, écrasées au mortier

1 1/2 c. à café de coriandre moulue

1 c. à soupe d'harissa (ou plus, pour une soupe plus piquante)

1 gros chou-fleur, coupé en fleurons

3 patates douces, pelées et coupées en dés

220 g (1 tasse) de pois chiches cuits, égouttés

100 g (1/2 tasse) de poivrons rouges grillés marinés, coupés en dés

500 ml (2 tasses) de coulis de tomate (ou de tomates en dés)

1,25 litre (5 tasses) de bouillon de légumes

120 g (4 tasses) de jeunes épinards frais

Sel et poivre, au goût

Dans une casserole profonde, à feu moyen-vif, faire suer l'oignon dans l'huile d'olive et le beurre de 4 à 5 minutes. Ajouter l'ail, le paprika, le cumin, les graines de fenouil, la coriandre et l'harissa, et poursuivre la cuisson 2 ou 3 minutes. Bien remuer afin que les épices ne brûlent pas.

Ajouter le chou-fleur, les patates douces, les pois chiches et les poivrons rouges grillés. Bien mélanger et poursuivre la cuisson 2 ou 3 minutes.

Ajouter le coulis de tomate et le bouillon de légumes. Porter à ébullition, baisser à feu doux et cuire de 15 à 20 minutes ou jusqu'à ce que le chou-fleur et les patates douces soient tendres sous la pointe d'un petit couteau.

Ajouter les épinards quelques minutes avant de servir.

Répartir dans les bols et garnir d'une cuillère à soupe de yogourt, de quelques graines de sésame, de noix de cajou, de feuilles de coriandre, de zeste de citron, d'un filet d'huile d'olive et d'harissa.

GARNITURES

4 à 6 c. à soupe de yogourt grec nature

1 c. à café de graines de sésame noir grillées

1 c. à café de graines de sésame blanc grillées

2 c. à soupe de noix de cajou grillées

1 c. à soupe de feuilles de coriandre fraîche

1 c. à café de zeste de citron

Huile d'olive, au goût

Harissa, au goût

POZOLE

PORTIONS	PRÉPARATION	CUISSON
8 à 10	40 minutes	2 heures

INGRÉDIENTS

800 g (1 3/4 lb) d'épaule de porc

1 gros oignon blanc, coupé en dés, divisé

4 gousses d'ail, hachées, divisé

1 c. à café de poivre noir moulu

1 c. à soupe de cumin moulu

2 c. à soupe de chili moulu

1 c. à soupe d'origan frais

2 c. à soupe d'huile d'avocat ou de canola

1 botte de coriandre, hachée

1 litre (4 tasses) de maïs en grain

750 ml (3 tasses) de bouillon de porc

2 piments poblanos, grillés

1 jalapeno, coupé en brunoise

GARNITURES

1 litre (4 tasses) d'eau + 375 ml (1 1/2 tasse)

3 piments anchos entiers

1 gousse d'ail

4 ou 5 citrons verts, coupés en quartiers

4 ou 5 radis, coupés en tranches

Quelques feuilles de coriandre

1 petit chou vert, émincé finement

Croustilles de maïs

Placer l'épaule de porc dans une casserole, couvrir d'eau et ajouter une généreuse pincée de sel. À feu moyen, porter doucement à ébullition, puis réduire à feu doux. À l'aide d'une petite louche ou d'une cuillère, écumer les impuretés qui remontent à la surface.

Ajouter la moitié de l'oignon, 3 gousses d'ail, le poivre, le cumin, le chili et l'origan. Cuire à feu doux environ 45 minutes. Retirer la viande du bouillon et réserver.

Dans une autre casserole, chauffer l'huile d'avocat, ajouter le reste de l'oignon (réserver 2 cuillères à soupe pour les garnitures), 1 gousse d'ail ainsi que les tiges de coriandre hachées et faire sauter jusqu'à ce que les oignons soient translucides.

Pendant ce temps, couper l'épaule de porc en cubes d'environ 2,5 cm (1 po) et ajouter à la casserole. Mélanger.

Ajouter le maïs, le bouillon de porc (étirer avec un peu de bouillon de poulet ou d'eau s'il en manque), les piments poblanos et jalapenos. Porter à ébullition à feu moyen, puis réduire à feu doux. Couvrir et laisser frémir de 45 à 60 minutes ou jusqu'à ce que la viande soit tendre. Si nécessaire, poursuivre la cuisson jusqu'à ce que les oignons et les piments soient bien fondants.

Pour la garniture, dans une petite casserole, porter 1 litre (4 tasses) d'eau à ébullition. Ajouter les piments anchos et faire bouillir, à feu moyen-vif, environ 15 minutes ou jusqu'à ce que les piments soient tendres.

Au mélangeur, mixer pendant quelques secondes, 375 ml (1 1/2 tasse) d'eau, les piments anchos, la gousse d'ail et les 2 cuillères à soupe d'oignon en dés réservées. Verser dans un bol ou une saucière au milieu de la table pour que les convives se servent.

À l'aide d'une petite louche ou d'une cuillère de service, dégraisser le bouillon, puis le répartir dans les bols. Garnir de quelques quartiers de citron vert, de tranches de radis, de coriandre, de chou vert et de croustilles de maïs.

CHAPITRE 3

SALADES

SALADE DE PAPAYE VERTE

INGRÉDIENTS

1 papaye verte moyenne, pelée et coupée en julienne

1 carotte, pelée et coupée en julienne

2 échalotes françaises, hachées finement

1 paquet de bœuf séché de type Jerky, coupé en julienne

1 petite botte de coriandre, ciselée

1 botte de basilic thaï, ciselé

VINAIGRETTE AUX PIMENTS OISEAUX

2 c. à soupe de sucre de palme

Le jus de 3 citrons verts

1 ou 2 piments oiseaux, hachés finement

150 ml (2/3 tasse) de sauce soya

4 c. à soupe d'arachides grillées

Sel, au goût

GARNITURES

4 c. à soupe d'arachides grillées

Quelques feuilles de coriandre

Ma relation avec la salade de papaye verte remonte à mon voyage en Thaïlande en 2016. C'était également la première fois que je découvrais réellement l'univers du piquant. Mon ami Frank et moi nous étions donné comme défi de commander des plats ayant le même niveau d'intensité que ceux des locaux. Nous n'avons pas tardé à commander la populaire salade de papaye verte. Après une bouchée, nous avons eu instantanément la bouche en feu et la goutte au front ! Une grosse bière bien froide a aidé à faire passer le tout et, soudain, une sensation de fraîcheur s'est emparée de nous. Dur à expliquer, mais manger très épicé dans un pays chaud est apparemment une façon de se rafraîchir. J'ai travaillé longuement sur une recette qui combinait les versions thaïe et vietnamienne de cette salade, en prenant mes ingrédients préférés de chacune.

PORTIONS	PRÉPARATION
4	25 minutes

Dans un grand bol, mélanger tous les ingrédients de la salade.

Dans un bol ou un pot, mélanger vigoureusement tous les ingrédients de la vinaigrette.

Verser la vinaigrette sur la salade et remuer. Transférer dans une grande assiette, garnir d'arachides et de coriandre, et servir.

SALADE DE TOMATES, DE MAÏS, DE POIS SUCRÉS ET DE RICOTTA

PORTIONS	PRÉPARATION	CUISSON
2 à 4	30 minutes	6 minutes

INGRÉDIENTS

280 g (1 tasse) de ricotta

2 c. à soupe d'huile d'olive
+ pour arroser le pain

Le jus de 1 citron

Deux pincées de fleur de sel, divisées

Miche de pain ou baguette

4 ou 5 tomates ancestrales, coupées en quartiers

160 g (1 tasse) de maïs sucré, cuit, les grains coupés en biais pour les garder attachés ensemble (1 ou 2 épis cuits)

10 pois des neiges, fibres enlevées, coupés en julienne

Quelques feuilles de basilic

VINAIGRETTE AU MIEL

1 c. à soupe de fleur d'ail confite

1 c. à café de miel

1 trait de vinaigre balsamique

Une pincée de flocons de chili

125 ml (1/2 tasse) d'huile d'olive

Sel et poivre, au goût

Dans un bol, mélanger la ricotta, l'huile d'olive, le jus de citron et la fleur de sel jusqu'à ce que la ricotta soit mousseuse, lisse et crémeuse.

Couper le pain en tranches de 2,5 cm (1 po), arroser d'huile et saler des deux côtés. Faire griller les tranches sur le barbecue ou au four, à gril (*broil*), jusqu'à ce qu'elles soient croustillantes. Couper en croûtons.

Préparer la vinaigrette : dans un bol, mélanger la fleur d'ail confite, le miel, le vinaigre balsamique, les flocons de piment, l'huile d'olive, du sel et du poivre.

Étaler la ricotta dans une assiette creuse. Répartir sur le dessus les tomates, le maïs et les pois des neiges. Arroser de vinaigrette et garnir de basilic frais et de croûtons.

SALADE NIÇOISE

PORTIONS	PRÉPARATION	CUISSON
2 à 4	30 minutes	25 à 30 minutes

INGRÉDIENTS

90 g (3 oz) de thon rouge

6 à 8 pommes de terre rattes

1 branche de thym

3 gousses d'ail, pelées et écrasées

Un filet d'huile d'olive

12 haricots verts (ou verts et jaunes), équeutés

1 petite tomate de vigne, coupée en dés

2 concombres libanais, coupés en dés

125 ml (1/2 tasse) d'olives niçoises, dénoyautées et coupées en deux

1 échalote française, hachée

2 œufs cuits dans leur coque 7 minutes, écalés et coupés en quartiers

Sel et poivre, au goût

VINAIGRETTE AU CITRON

2 c. à soupe de jus de citron frais

2 c. à café de moutarde de Dijon

1/4 c. à café de sel

1/4 c. à café de poivre

6 c. à soupe d'huile d'olive extra vierge

Pour la vinaigrette : dans un grand bol, fouetter le jus de citron, la moutarde, le sel et le poivre. Ajouter graduellement l'huile d'olive en fouettant simultanément jusqu'à l'obtention d'une vinaigrette homogène. Goûter et rectifier l'assaisonnement au besoin.

Dans une casserole de taille moyenne, porter 2 litres (8 tasses) d'eau à ébullition et y ajouter une petite poignée de sel. Déposer le morceau de thon sur une araignée ou une cuillère trouée et le plonger dans l'eau une vingtaine de secondes ou jusqu'à ce que l'extérieur du poisson devienne gris opaque. Transférer immédiatement dans un grand bol d'eau glacée pour arrêter la cuisson. (Cette technique de type tataki, très populaire au Japon, assure une cuisson extérieure plus uniforme que lorsque le thon est saisi à la poêle.) Sortir le thon de l'eau glacée et bien l'éponger à l'aide d'essuie-tout. À l'aide d'un couteau bien aiguisé, couper le pavé de thon en tranches d'environ 2,5 cm (1 po). Réserver au réfrigérateur jusqu'au moment de servir.

Dans une petite casserole, porter doucement à ébullition 1 litre (4 tasses) d'eau froide, les rattes, le thym, l'ail et une généreuse pincée de sel, puis réduire à feu doux. Cuire de 20 à 25 minutes ou jusqu'à ce que les pommes de terre soient tendres. Égoutter et transférer sur une plaque de cuisson. Verser un filet d'huile d'olive sur les rattes et les laisser refroidir complètement à température ambiante. Couper en deux sur la longueur et réserver.

Dans une autre casserole d'eau bouillante, blanchir les haricots de 2 à 3 minutes, puis les plonger dans un bol d'eau glacée pour arrêter la cuisson. Égoutter et réserver.

Dans un grand bol, mélanger les rattes, les haricots, la tomate, les concombres, les olives et l'échalote. Ajouter la vinaigrette au citron (quantité au goût), saler, poivrer et mélanger.

Dans une grande assiette de service, dresser la salade. Garnir des tranches de thon rouge et des quartiers d'œufs. Finir avec un filet de vinaigrette.

SALADE DE MOULES FROIDES

PORTIONS	PRÉPARATION	CUISSON
2 à 4	30 minutes	10 minutes

INGRÉDIENTS

450 g (1 lb) de moules

Un filet d'huile d'olive

Un filet de sauce piquante, au choix

Quelques brins de fenouil

FENOUIL MARINÉ

50 g (1/4 tasse) de sucre

Une pincée de sel

200 ml (4/5 tasse) de vinaigre blanc

100 g (1/2 tasse) de fenouil, en tranches fines

VINAIGRETTE À LA TOMATE

150 g (1 tasse) de tomates fraîches, coupées en gros morceaux

3 c. à soupe d'huile d'olive

2 c. à soupe de vinaigre de fenouil

Sauce piquante, au choix

Sel et poivre, au goût

Rincer les moules et les ébarber une par une. Cuire les moules à la vapeur de 5 à 7 minutes ou jusqu'à ce qu'elles ouvrent. Retirer les moules de la coquille et réfrigérer.

Pour préparer le fenouil mariné : dans une casserole, à feu moyen-vif, porter le sucre, le sel et le vinaigre à ébullition. Éteindre le feu et ajouter les tranches de fenouil dans la casserole. Laisser refroidir.

Au mélangeur, pulser tous les ingrédients de la vinaigrette jusqu'à l'obtention d'une consistance lisse. Passer au tamis et réfrigérer.

Au moment de servir, verser la vinaigrette dans une assiette de service creuse. Arroser les moules d'huile d'olive et de sauce piquante, et les disposer sur la vinaigrette. Garnir de fenouil mariné et de quelques brins de fenouil. Servir avec du pain frais

SALADE DE CREVETTES NORDIQUES, GASPACHO D'ASPERGES

SALADE DE CREVETTES

100 g (3 1/2 oz) de crevettes nordiques, décortiquées et cuites

70 g (1/2 tasse) de petits pois frais ou surgelés, blanchis dans de l'eau salée

Pointes d'asperges (voir gaspacho, ci-contre)

2 c. à café d'huile d'olive

Sel et poivre, au goût

GARNITURES

2 c. à soupe de crème sure

2 c. à café d'huile d'olive

Zeste de citron

La fin du printemps annonce les chaudes journées d'été, mais c'est aussi ma période préférée grâce à l'arrivée de produits incroyables tels que les crevettes nordiques et les premières asperges. Cette salade est une explosion de fraîcheur en bouche. En la mangeant, vous aurez l'impression d'être assis sur une plage en Gaspésie, les deux pieds enfoncés dans le sable !

PORTIONS	PRÉPARATION	CUISSON
2	15 minutes	4 à 5 minutes

Au mélangeur, mixer tous les ingrédients du gaspacho jusqu'à l'obtention d'une consistance lisse. Pour garder le gaspacho bien vert et froid, ajouter 1 ou 2 glaçons, en pulsant. Goûter et rectifier avec du vinaigre et du jus citron, au besoin. Réserver au froid.

Dans un petit bol, mélanger tous les ingrédients de la salade.

Dans deux assiettes creuses ou deux bols refroidis, verser un fond de gaspacho et disposer la salade de crevettes par-dessus. Garnir de quelques touches de crème sure, d'un filet d'huile d'olive et de zeste de citron.

GASPACHO

1/2 botte d'asperges blanchies, refroidies et coupées grossièrement (réserver les pointes pour la salade)

1 concombre libanais, coupé grossièrement

2 oignons verts (partie verte seulement)

1/2 botte de menthe (feuilles seulement)

1/2 botte de persil plat

1/2 botte d'aneth

Le jus de 1 citron

3 c. à soupe du vinaigre de l'ail des bois mariné (voir page 33)

125 ml (1/2 tasse) d'huile d'olive

Sel et poivre, au goût

SALADE DE COURGETTES ET DE CAROTTES GRILLÉES AU ZAATAR

PORTIONS	PRÉPARATION	CUISSON
2 à 4	25 minutes	25 à 30 minutes

INGRÉDIENTS

2 courgettes jaunes

2 courgettes vertes

Huile d'olive

4 carottes de différentes couleurs, pelées

Les arilles de 1/4 de grenade

3 c. à soupe de pistaches, hachées finement

150 g (1 tasse) de fromage feta émietté

1/4 de botte de coriandre, les feuilles seulement

Sel et poivre, au goût

VINAIGRETTE AU ZAATAR

Le zeste et le jus de 1/2 citron

3 c. à soupe d'huile de zaatar (voir page 42)

2 c. à café de moutarde de Dijon

2 c. à café de sirop d'érable

Combiner tous les ingrédients de la vinaigrette au zaatar dans un petit pot Mason et mélanger vigoureusement jusqu'à l'obtention d'une préparation homogène.

Couper les courgettes en deux sur la longueur et, à l'aide de la pointe d'un petit couteau, faire de petites incisions dans la chair.

Dans une grande passoire, déposer les courgettes, les saupoudrer d'environ 1 cuillère à soupe de sel et les laisser dégorger environ 20 minutes. Bien éponger à l'aide d'essuie-tout, déposer sur une plaque de cuisson, arroser d'un filet d'huile d'olive et réserver.

Préchauffer le barbecue à feu moyen-vif. Verser un filet d'huile d'olive sur les carottes, les saler, les poivrer et les déposer sur la grille du haut. Cuire environ 20 minutes, en les tournant régulièrement de façon à obtenir une cuisson uniforme. Lorsque les carottes sont presque cuites (vérifier en insérant la pointe d'un petit couteau dans la plus grosse carotte), ajouter les courgettes sur la grille du bas et cuire de chaque côté pendant environ 3 minutes ou jusqu'à l'obtention de stries. Couper les courgettes grillées en triangles.

Disposer les carottes et les courgettes dans une grande assiette creuse en les alternant. Verser la vinaigrette (quantité au goût) sur les légumes grillés et garnir d'arilles, de pistaches, de feta et de quelques feuilles de coriandre.

SALADE DE SUCRINE, VINAIGRETTE RANCH À L'ANETH

INGRÉDIENTS

3 ou 4 têtes de sucrine ou de bébé romaine, les feuilles séparées, nettoyées et essorées

2 concombres libanais, coupés en tranches fines

4 ou 5 radis, coupés en tranches fines

1/4 de bulbe de fenouil, coupé en tranches fines à la mandoline

15 haricots verts, blanchis

5 à 7 fines rondelles d'oignon rouge

1/2 botte d'estragon frais, les feuilles seulement

35 g (1/4 tasse) de graines de tournesol

VINAIGRETTE RANCH À L'ANETH

80 ml (1/3 tasse) de mayonnaise

80 ml (1/3 tasse) de babeurre

80 ml (1/3 tasse) de crème sure

1 ou 2 gousses d'ail, hachées finement

1/2 botte d'aneth frais, ciselé

2 c. à soupe de persil frais, ciselé

1 c. à soupe de jus de citron

1 c. à café de vinaigre de cidre de pomme

Le zeste de 1 citron

Sel et poivre, au goût

La seule fois où vous me verrez mettre de la vinaigrette ranch dans ma salade, ce sera de la ranch maison. C'est le temps de jeter la vieille bouteille qui traîne dans le frigo et de t'en faire une vraie.

PORTIONS	PRÉPARATION	CUISSON
2	15 minutes	4 ou 5 minutes

Pour la vinaigrette ranch à l'aneth : dans un petit bol, fouetter la mayonnaise, le babeurre et la crème sure jusqu'à ce qu'ils soient bien mélangés. Ajouter le reste des ingrédients et fouetter de nouveau. Conserver au réfrigérateur.

Dans un grand bol, combiner tous les ingrédients de la salade. Ajouter la vinaigrette (quantité au goût) de façon à couvrir généreusement les feuilles de sucrine. Goûter et rectifier l'assaisonnement, au besoin, avec du sel, du poivre ou du jus de citron si la salade manque d'acidité.

Transférer dans une grande assiette creuse en essayant de donner du volume aux feuilles de sucrine.

CHAPITRE 4

SANDWICHS

BANH MI AUX BOULETTES DE PORC ÉPICÉES

Ce sandwich vietnamien est aussi riche en saveurs qu'en histoires. Les mots « banh mi » signifient « pain de blé ». Cette appellation aurait été inspirée par les colonisateurs français, comme une prononciation dérivée de « pain de mie ». Avec ce sandwich, j'ai réussi une mission que je croyais impossible : faire manger de la coriandre à ma douce moitié ! Je pense même qu'elle commence à aimer ça...

PORTIONS	PRÉPARATION	RÉFRIGÉRATION	CUISSON
4	1 heure 10 minutes	1 heure 20 minutes	10 minutes

INGRÉDIENTS

60 ml (1/4 tasse) de mayonnaise

2 c. à café de sriracha

1 pain baguette, coupé en 4 parts égales et légèrement grillé

1 piment jalapeno, coupé en tranches fines (facultatif)

1/2 botte de coriandre

SALADE DE CAROTTES ET DE RADIS DAÏKON

2 carottes moyennes, pelées et coupées en julienne

200 g (1 tasse) de radis daïkon, pelé et coupé en julienne

1/2 c. à café de sel

2 c. à soupe de sucre de canne (ou sucre blanc)

3 c. à soupe de vinaigre de riz

2 c. à café d'huile de sésame

Pour la salade de carottes et de radis daïkon : dans un grand bol, mélanger tous les ingrédients. Réfrigérer environ 1 heure, en mélangeant de temps à autre.

Pour les boulettes de porc épicées : pendant ce temps, dans un bol, combiner tous les ingrédients des boulettes de porc, sauf l'huile végétale, jusqu'à l'obtention d'un mélange homogène. À l'aide des mains, façonner 20 boulettes d'environ 2,5 cm (1 po) de diamètre et les déposer sur une plaque de cuisson recouverte de papier parchemin. Mettre au congélateur 20 minutes pour les refroidir (cela facilitera la cuisson).

Dans une grande poêle antiadhésive, à feu moyen-vif, chauffer l'huile et cuire les boulettes de tous côtés 8 minutes ou jusqu'à ce qu'elles soient bien colorées et cuites à cœur.

Dans un petit bol, mélanger la mayonnaise et la sriracha. Ouvrir les morceaux de pain et badigeonner l'intérieur du mélange. Garnir le sandwich de salade de carottes et de radis daïkon, de boulettes de porc épicées, de fines lamelles de jalapeno, si désiré, et de coriandre.

BOULETTES DE PORC ÉPICÉES

450 g (1 lb) de porc haché

2 c. à soupe de coriandre fraîche, ciselée

2 c. à soupe de basilic thaï, ciselé

1 oignon vert, haché

3 gousses d'ail, hachées

1 c. à soupe de sauce de poisson

1 c. à soupe de sriracha ou de sambal oelek

2 c. à café de sucre de canne (ou sucre blanc)

1 c. à soupe de fécule de maïs

Sel et poivre, au goût

1 c. à soupe d'huile végétale

TORTA MEXICAINE AUX ŒUFS ET AU CHORIZO

INGRÉDIENTS

2 c. à soupe d'huile végétale, divisée

450 g (1 lb) de chorizo mexicain, la chair seulement (le boyau retiré)

6 œufs

175 g (1 1/2 tasse) de haricots pinto frits

6 pains bolillos, ou petites baguettes ou ciabattas, coupés en deux sur la longueur

180 ml (3/4 tasse) de créma mexicaine ou de crème sure

150 g (1 tasse) de fromage frais mexicain, ou cotija, coupé en fines tranches, ou de feta émiettée

1/2 oignon rouge, coupé en dés

1/2 botte de coriandre

Rondelles de jalapenos marinées (facultatif)

Salsa (facultatif)

Sel et poivre, au goût

Au lendemain d'une soirée bien arrosée dans la magnifique ville de Yelapa, je goûtais pour la première fois à ce déjeuner très populaire au Mexique. Manger une viande bien grasse de chorizo accompagnée d'un jaune d'œuf coulant était la seule façon de me remettre sur pied... pour mieux aller faire la siesta ensuite.

PORTIONS	PRÉPARATION	CUISSON
6	10 minutes	20 minutes

Dans une grande poêle, à feu moyen-vif, chauffer 1 cuillère à soupe d'huile et faire sauter la chair de chorizo 7 minutes ou jusqu'à ce qu'elle soit complètement cuite, en remuant à quelques reprises. Utiliser le bout d'une cuillère en bois pour défaire les gros morceaux. Réserver.

Entre-temps, dans une grande poêle antiadhésive, à feu moyen-vif, chauffer le reste de l'huile et frire les œufs, au miroir ou tournés, jusqu'à la cuisson désirée. Saler et poivrer.

Dans une petite casserole, à feu moyen, réchauffer les haricots pinto frits.

Dans une poêle, à feu moyen, ou sur une plaque de cuisson dans un four préchauffé à 200 °C (400 °F), griller l'intérieur des pains jusqu'à l'obtention d'une belle coloration.

Badigeonner l'intérieur des pains de la créma mexicaine. Déposer quelques cuillérées de haricots pinto frits sur le pain du dessous. Ajouter le chorizo et quelques tranches de fromage, puis un œuf frit. Garnir de dés d'oignon rouge et de quelques feuilles de coriandre. Servir avec des rondelles de jalapeno marinées et de la salsa, si désiré.

GUÉDILLE D'ÉCREVISSES

INGRÉDIENTS

450 g (1 lb) de chair d'écrevisses cuite

1 branche de céleri, coupée en brunoise

1/2 poivron rouge, coupé en brunoise

1 c. à soupe de câpres, hachées finement

2 c. à soupe de mayonnaise

2 c. à café de moutarde de Dijon

Le jus et le zeste de 1 citron

4 pains briochés à hot dog

2 c. à soupe de beurre, ramolli

1/2 laitue iceberg, coupée en chiffonnade

Sel et poivre, au goût

Quartiers de citron

En rentrant dans une poissonnerie, en recherche d'inspiration, mes yeux se sont arrêtés sur un immense bac rempli d'écrevisses vivants. L'idée d'en faire une guédille m'est venue. Très souvent associés à la cuisine du sud des États-Unis, ces crustacés d'eau douce qui ressemblent à de petits homards valent assurément la peine d'être consommés, malgré tout le travail de décorticage qui les accompagne...

PORTIONS	PRÉPARATION	CUISSON
4	10 minutes	3 minutes

Dans un bol de taille moyenne, combiner la chair d'écrevisses avec le céleri, le poivron rouge et les câpres.

Dans un petit bol, bien mélanger la mayonnaise et la moutarde de Dijon, et incorporer à la préparation d'écrevisses. Ajouter le jus et le zeste de citron. Saler et poivrer.

Mettre les pains briochés à hot dog (ouverture vers le haut) sur une plaque de cuisson et ouvrir légèrement les pains pour exposer l'intérieur. Enfourner à gril (*broil*) et dorer les pains. Sortir du four et beurrer légèrement l'intérieur des pains.

Déposer une généreuse cuillérée de la préparation d'écrevisses dans les pains et garnir de la chiffonnade de laitue iceberg. Servir avec quelques quartiers de citron.

SANDWICH DE STEAK DE FLANC ET D'OIGNONS

PORTIONS	PRÉPARATION	CUISSON
4	10 minutes	1 heure

INGRÉDIENTS

450 g (1 lb) de steak de flanc ou de bavette

2 c. à soupe de beurre

2 c. à soupe d'huile d'olive, divisée

180 ml (3/4 tasse) de sirop d'érable

2 gros oignons espagnols, pelés et coupés en rondelles d'environ 2 cm (3/4 po) d'épaisseur

125 ml (1/2 tasse) de vinaigre balsamique

1 branche de thym

1 grande baguette ciabatta

250 ml (1 tasse) de sauce dijonnaise

60 g (2 tasses) de bébés épinards

Fleur de sel et poivre du moulin, au goût

Sortir le steak du réfrigérateur et le laisser tempérer 5 minutes. Couvrir la viande d'une pellicule de plastique ou de papier parchemin. À l'aide d'une petite casserole, battre la viande pour l'attendrir et l'aplatir.

Dans une grande poêle antiadhésive, à feu moyen, chauffer le beurre, un filet d'huile d'olive et le sirop d'érable. Lorsque le beurre est fondu, ajouter les oignons et cuire 5 minutes.

Ajouter le vinaigre balsamique et la branche de thym, couvrir, réduire à feu doux et poursuivre la cuisson de 35 à 40 minutes ou jusqu'à ce que les oignons soient bien caramélisés.

Préchauffer le four à 110 °C (230 °F).

Saler et poivrer généreusement le steak. Dans une grande poêle bien chaude, ajouter un filet d'huile d'olive et saisir le steak de flanc environ 3 minutes de chaque côté pour une cuisson médium saignante, ou plus ou moins longtemps, au goût. Transférer sur une assiette et laisser reposer de 4 à 5 minutes. Couper le steak en fines tranches d'environ 1 cm (1/2 po) d'épaisseur.

Pendant ce temps, réchauffer le pain ciabatta au four de 5 à 7 minutes.

Trancher le pain ciabatta chaud en deux sur la longueur et badigeonner généreusement les 2 morceaux de sauce dijonnaise. Ajouter les épinards sur le pain du dessous, couvrir des tranches de steak et des oignons caramélisés, et finir avec une pincée de fleur de sel, du poivre du moulin et un filet d'huile d'olive. Fermer le sandwich et le couper en portions.

TOAST AUX MORILLES

INGRÉDIENTS

100 g (1 tasse) de morilles fraîches

2 c. à soupe de beurre, divisé

Un filet d'huile d'olive

1 échalote française, ciselée

150 ml (2/3 tasse) de vin blanc oxydé (savagnin ou vin jaune du Jura), divisé

125 ml (1/2 tasse) de fond brun de veau ou de fond de volaille

60 ml (1/4 tasse) de crème 35 %

1 grande tranche épaisse de pain de ménage, coupée en deux

1/2 botte de ciboulette, ciselée

Fleurs de ciboulette

Sel et poivre, au goût

Que dire des morilles... J'adore les déguster, mais les heures passées à essayer d'en cueillir me laissent un goût amer. Malgré tout, chaque année, je retourne aux champignons, rempli d'espoir, et je reviens toujours bredouille. Heureusement qu'on les trouve, fraîches ou séchées, assez facilement au marché tout au long de l'année !

PORTIONS	PRÉPARATION	CUISSON
2	15 minutes	20 minutes

Rincer les morilles à l'eau. Les plonger dans l'eau bouillante environ 30 secondes, puis les sécher sur un linge.

Dans une poêle, à feu moyen, chauffer 1 cuillère à soupe de beurre et un filet d'huile d'olive. Ajouter les morilles et l'échalote. Saler et poivrer. Cuire les morilles 5 minutes ou jusqu'à ce qu'elles soient bien colorées.

Déglacer la poêle avec la moitié du vin. Quand le vin est presque réduit à sec, ajouter le fond de veau. Laisser réduire de moitié et ajouter la crème. Laisser réduire jusqu'à consistance épaisse.

Hors du feu, finir la sauce en ajoutant le reste du vin et du beurre.

Griller le pain, le déposer dans les assiettes et couvrir du mélange de morilles. Garnir de ciboulette et de fleurs de ciboulette. Saler et poivrer. À déguster avec le restant de la bouteille de vin !

SANDWICH MONTECRISTO

INGRÉDIENTS

1 miche de pain blanc

4 c. à soupe de mayonnaise avec moutarde à l'ancienne, divisée

110 g (1 tasse) de gruyère râpé finement, divisé + pour le service

100 g (1/3 tasse) d'emmental râpé finement, divisé

150 g (5 oz) de jambon blanc, divisé

150 g (5 oz) de jambon à l'ancienne, divisé

3 œufs

125 ml (1/2 tasse) de lait entier

5 c. à soupe de beurre, divisé

Un bon filet de sirop d'érable (du vrai !)

Poivre du moulin

La première fois que j'ai goûté ce sandwich légendaire, c'était au restaurant Le pied de cochon, au cœur du Plateau, à Montréal. J'y ai compté sept viandes différentes, un mélange de fromage divin et une quantité de sirop trop importante pour une seule assiette. Ce sandwich est l'ultime combinaison de sucré et de salé ! Je la réinterprète ici plus simplement (votre foie me remerciera !).

PORTIONS	PRÉPARATION	CUISSON
4 à 6	20 minutes	15 minutes

À l'aide d'un couteau à pain ou d'un couteau de chef bien aiguisé, tailler la croûte de la miche de tous les côtés. Façonner le pain pour qu'il ait une forme rectangulaire parfaite. Couper le pain sur la longueur en 3 tranches égales.

Étaler les trois quarts de la mayonnaise à la moutarde à l'ancienne sur les 3 tranches de pain.

Assembler le sandwich : ajouter la moitié du fromage et du jambon sur une tranche. Couvrir d'une deuxième tranche de pain, mayonnaise vers le bas, et tartiner le dessus du reste de la mayonnaise. Ajouter le reste du fromage et du jambon et fermer le sandwich avec la tranche de pain restante.

Casser les œufs dans un plat rectangulaire suffisamment grand pour contenir le sandwich. Fouetter jusqu'à homogénéité, puis incorporer le lait.

Tremper le sandwich dans l'appareil œufs-lait sur toutes ses faces pendant quelques minutes pour permettre au pain d'absorber le mélange.

Dans une poêle antiadhésive, à feu moyen, faire fondre la moitié du beurre et faire griller le sandwich. Déplacer fréquemment le sandwich pour qu'il ne brûle pas et pour obtenir une belle croûte dorée. Lorsque le beurre devient brun, en ajouter pour refroidir la poêle.

Lorsque le pain est bien doré sur toutes ses faces, placer le sandwich sur une planche à découper. Couper en 4 ou 6 tranches et garnir d'une généreuse quantité de sirop d'érable. Terminer avec du gruyère râpé et du poivre noir fraîchement moulu.

CHAPITRE 5

LÉGUMES

ASPERGES ET GRIBICHE À L'AIL DES BOIS

PORTIONS	PRÉPARATION	CUISSON
4	6 minutes	10 minutes

INGRÉDIENTS

6 œufs

1 c. à soupe de vinaigre blanc

1 c. à soupe de moutarde de Dijon

4 c. à café d'eau

60 ml (1/4 tasse) de vinaigre d'ail des bois (voir recette page 33)

180 ml (3/4 tasse) d'huile de canola

2 c. à soupe de câpres, rincées et hachées grossièrement

Une poignée de persil, ciselé

Une poignée d'estragon, ciselé

1 échalote française, hachée

2 c. à soupe d'ail des bois mariné, haché

2 bottes d'asperges

Sel et poivre, au goût

Prendre les œufs directement du réfrigérateur, les déposer délicatement dans une casserole et les couvrir d'eau froide à hauteur. Ajouter le vinaigre blanc et porter à ébullition à feu moyen-vif. Baisser à feu moyen et laisser mijoter 4 minutes. Retirer du feu et refroidir à l'eau glacée en remuant les œufs pour arrêter la cuisson.

Écaler les œufs. Séparer les jaunes des blancs. Réserver les blancs.

Déposer les jaunes dans un contenant étroit et haut, comme une tasse à mesurer, saler, poivrer et ajouter la moutarde, l'eau et le vinaigre d'ail des bois. Émulsionner à l'aide d'un pied-mélangeur, puis incorporer l'huile de canola en filet. Réserver la mayonnaise au frigo.

Hacher les blancs d'œufs et les déposer dans un bol avec les câpres, le persil, l'estragon, l'échalote et l'ail des bois mariné. Ajouter la mayonnaise. Réserver.

Cuire les asperges environ 2 minutes dans de l'eau bouillante salée. Servir avec la gribiche.

ARANCINI TOMATE ET MOZZARELLA

DONNE	PRÉPARATION	CONGÉLATION	CUISSON
10 à 12 arancinis	40 minutes	20 minutes	40 minutes

INGRÉDIENTS

3 c. à soupe d'huile d'olive, divisée

1 échalote française, hachée finement

2 ou 3 gousses d'ail, hachées finement

220 g (1 tasse) de riz carnaroli ou arborio

150 ml (2/3 tasse) de vin blanc

1 litre (4 tasses) de bouillon de légumes, chaud

150 ml (2/3 tasse) de sauce tomate

60 g (2/3 tasse) de parmesan râpé

2 c. à soupe de beurre

12 feuilles de basilic

12 mini bocconcinis

240 g (2 tasses) de farine tout usage

4 œufs, battus

450 g (3 tasses) de chapelure

2 litres (8 tasses) d'huile à friture (j'utilise l'huile de canola)

Sel, au goût

Dans une poêle, à feu moyen, chauffer 2 cuillères à soupe d'huile d'olive et faire suer l'échalote et l'ail de 2 à 3 minutes ou jusqu'à ce que l'échalote soit translucide. Saler et poivrer.

Ajouter le riz et le nacrer de 4 à 5 minutes ou jusqu'à ce qu'il soit translucide. Verser le vin et laisser réduire complètement en remuant continuellement.

Ajouter le bouillon de légumes chaud, 250 ml (1 tasse) à la fois, en laissant réduire à sec et en brassant continuellement entre chaque ajout.

Lorsque le riz est al dente, ajouter la sauce tomate, le parmesan, le beurre, 1 cuillère à soupe d'huile d'olive, couvrir et laisser cuire de 2 à 3 minutes. Bien mélanger, transférer sur une plaque de cuisson et laisser refroidir.

À l'aide d'une cuillère, prélever un peu de riz dans le creux de la main. Déposer une feuille de basilic et un mini bocconcini au centre, puis refermer le riz autour de la garniture et façonner une boule de la taille d'une balle de golf. Déposer sur une autre plaque de cuisson. Façonner les 11 autres boules de risotto de la même manière. Congeler pendant 20 minutes.

Pour paner les boules de risotto, préparer trois bols : un avec la farine, l'autre avec les œufs battus et le dernier avec la chapelure. Passer chacune des boules dans la farine (secouer pour enlever l'excédent), puis dans les œufs battus et enfin dans la chapelure. Il faut s'assurer que les boules sont bien enrobées afin d'éviter que le fromage coule dans la friteuse.

Préchauffer l'huile de la friteuse à 180 °C (350 °F).

Déposer délicatement les boules dans l'huile et frire 1 ou 2 minutes ou jusqu'à ce qu'elles soient dorées et croustillantes.

Transférer dans un plateau, saler et servir immédiatement.

RISOTTO AUX CHAMPIGNONS HOMARD

INGRÉDIENTS

2 c. à soupe d'huile d'olive, divisée + un filet pour servir

175 g (2 tasses) de champignons homard, coupés en tranches

2 échalotes françaises, hachées finement

2 ou 3 gousses d'ail, hachées finement

220 g (1 tasse) de riz carnaroli ou arborio

250 ml (1 tasse) de vin blanc

1 litre (4 tasses) de bouillon de légumes, chaud

2 c. à soupe de beurre + au besoin

90 g (1 tasse) de parmesan râpé + au besoin

4 ou 5 feuilles de persil

Sel et poivre, au goût

Pour ceux qui n'ont pas vu le documentaire Fantastic Fungi *sur Netflix, voici un fait amusant : le champignon homard (*Hypomyces lactifluorum*), contrairement à son nom commun, n'est pas un champignon, mais plutôt un parasite qui pousse sur certaines espèces de champignons. C'est d'ailleurs sa couleur orange rougeâtre qui ressemble à la carapace extérieure d'un homard cuit qui lui vaut son nom.*

PORTIONS	PRÉPARATION	CUISSON
2 à 4	20 minutes	40 minutes

Dans une poêle, à feu vif, chauffer 1 cuillère à soupe d'huile d'olive et faire sauter les champignons de 5 à 6 minutes. Saler et poivrer. Transférer dans une assiette et réserver.

Dans la même poêle, ajouter 1 cuillère à soupe d'huile d'olive et faire suer les échalotes et l'ail 3 ou 4 minutes ou jusqu'à ce qu'ils soient translucides, mais non colorés. Ajouter le riz et le nacrer de 4 à 5 minutes. Saler, poivrer et déglacer avec le vin blanc. Cuire jusqu'à ce que le vin soit presque complètement évaporé, en brassant continuellement.

Ajouter le bouillon, 250 ml (1 tasse) à la fois, et laisser le liquide s'évaporer presque entièrement entre chaque ajout, en remuant sans arrêt.

Lorsque le riz est presque al dente, ajouter les champignons et le reste du bouillon. Poursuivre la cuisson quelques minutes, jusqu'à ce que le riz soit al dente.

Incorporer le beurre et le fromage, couvrir et laisser reposer de 2 à 3 minutes.

À l'aide d'une cuillère, mélanger jusqu'à ce que le risotto soit agréable et crémeux. Ajouter plus de beurre ou de fromage si nécessaire ; plus il y en a, mieux c'est !

Servir dans un bol ou une assiette et garnir d'un filet d'huile d'olive et de persil. Il n'y a rien de mal à saupoudrer un peu plus de fromage sur le dessus !

CHOU-FLEUR GRENOBLOIS

INGRÉDIENTS

200 g (7 oz) de bacon en tranches

3 c. à soupe de beurre

800 g (8 tasses) de chou-fleur, défait en fleurons (1 chou-fleur moyen)

1 citron, défait en suprêmes et coupé en dés

2 c. à soupe de câpres

60 g (1 tasse) de persil frais, ciselé

Sel et poivre, au goût

GARNITURE

85 g (1/2 tasse) d'oignons frits

La légende raconte que cette garniture iconique de la cuisine française, originaire de la ville de Grenoble, aurait vu le jour quand les chefs du coin ont voulu masquer le goût fort d'un poisson de fraîcheur discutable... Cette garniture délicieuse saura rehausser vos plats de poissons et de légumes préférés !

PORTIONS	PRÉPARATION	CUISSON
4 à 6	20 minutes	25 minutes

Préchauffer le four à 190 °C (375 °F).

Déposer le bacon sur une plaque de cuisson et cuire au four 15 minutes. Sortir le bacon du four et le déposer dans une assiette (conserver le gras). Une fois le bacon refroidi, le couper en dés. Réserver.

Chauffer une grande poêle à feu moyen-vif. Quand elle est bien chaude, ajouter le beurre et le gras de bacon. Dès que le beurre commence à colorer, ajouter le chou-fleur, saler et poivrer. Cuire à feu moyen-vif 10 minutes ou jusqu'à ce que le chou-fleur soit bien rôti et tendre.

Ajouter le bacon, les suprêmes de citron, les câpres et le persil. Dresser dans une assiette, garnir d'oignons frits et servir.

RAPINIS ET ANCHOÏADE

PORTIONS	PRÉPARATION	CUISSON
4 à 6	20 minutes	5 minutes

INGRÉDIENTS

125 ml (1/2 tasse) d'huile d'olive

4 c. à soupe d'ail, émincé

2 c. à café de chili en flocons

2 c. à soupe de jus de citron

2 c. à soupe d'anchois, blancs de préférence, coupés grossièrement

1 botte de rapinis

30 g (1/3 tasse) de parmesan râpé

Dans une poêle, à feu moyen, chauffer l'huile d'olive et faire rôtir l'ail légèrement environ 2 minutes. Quand l'ail est doré, ajouter les flocons de chili, puis arrêter la cuisson avec le jus de citron. Ajouter les filets d'anchois et réserver à température ambiante.

Dans une casserole d'eau bouillante salée, blanchir les rapinis 3 minutes. Égoutter et transférer dans une assiette de service. Arroser d'anchoïade et saupoudrer de parmesan.

NOUILLES UDON CRÉMEUSES AUX CHAMPIGNONS

PORTIONS	PRÉPARATION	CUISSON
2	10 minutes	15 minutes

INGRÉDIENTS

2 portions (environ 400 g/14 oz) de nouilles udon surgelées

1 c. à soupe d'huile végétale

6 champignons cremini, coupés en tranches fines

8 champignons shiitakes, coupés en tranches fines

1 paquet de 150 g (5 oz) de champignons shimeji

4 c. à soupe de beurre

2 c. à soupe de sauce soya

1 oignon vert, blanc et vert séparés

4 gousses d'ail, hachées

60 ml (1/4 tasse) de dashi (ou de bouillon de poulet ou de légumes)

125 ml (1/2 tasse) de crème 35 %

Sel et poivre, au goût

Déposer les nouilles udon surgelées dans un bol et verser suffisamment d'eau chaude pour les séparer. Égoutter et réserver.

Dans une grande poêle, à feu vif, chauffer l'huile et cuire les champignons 5 minutes ou jusqu'à ce qu'ils soient légèrement dorés et que le liquide de végétation soit presque complètement évaporé, en remuant à quelques reprises. Ajouter le beurre, la sauce soya, la partie blanche de l'oignon vert et l'ail haché. Poursuivre la cuisson de 2 à 3 minutes.

Ajouter le dashi et porter à un petit bouillon. Verser la crème doucement en mélangeant bien. Ajouter les nouilles udon et poursuivre la cuisson de 2 à 3 minutes pour épaissir la sauce en remuant afin d'éviter que les nouilles collent.

Transférer la préparation dans une grande assiette creuse et garnir de la partie verte de l'oignon vert.

TOSTADAS AUX PATATES DOUCES ET AUX HARICOTS NOIRS

PORTIONS	PRÉPARATION	CUISSON
4	15 minutes	55 minutes

INGRÉDIENTS

4 c. à soupe d'huile d'avocat + un filet pour la cuisson des haricots

8 tortillas de maïs

2 grosses patates douces

1 c. à café de paprika fumé

1 c. à café de cumin moulu

1 c. à café de poudre de chili

1 c. à café de poudre d'ail

1 boîte de 398 ml de haricots noirs

Sel et poivre, au goût

GARNITURES

2 avocats, pelés et coupés en dés

225 g (1 tasse) de fromage frais mexicain (queso fresco), émietté

180 ml (3/4 tasse) de créma mexicaine ou de crème sure

1/2 oignon rouge, coupé en dés

1/2 botte de coriandre, ciselée

Salsa, au choix

Préchauffer le four à 200 °C (400 °F).

À l'aide d'un pinceau ou des mains, huiler une ou deux grandes plaques de cuisson. Y déposer les tortillas de maïs en une seule couche et les badigeonner avec le reste de l'huile. Saler légèrement. Cuire au four 5 minutes, retourner les tortillas et poursuivre la cuisson 5 minutes ou jusqu'à ce qu'elles soient croustillantes comme une chip. Retirer du four et laisser refroidir. Réserver.

Augmenter la température du four à 220 °C (425 °F). À l'aide d'une fourchette, piquer les patates douces sur toute leur surface et les déposer sur une petite plaque de cuisson recouverte de papier parchemin ou d'aluminium. Cuire au four 45 minutes ou jusqu'à ce que les patates douces soient tendres lorsqu'on insère la pointe d'un petit couteau au centre. Sortir du four et laisser refroidir quelques minutes.

Couper les patates douces en deux et, à l'aide d'une cuillère, retirer la chair, la déposer dans un bol et l'écraser à la fourchette. Assaisonner de paprika fumé, de cumin, de poudre de chili et de poudre d'ail. Saler et poivrer.

Dans une petite casserole, à feu doux, chauffer les haricots noirs dans un fond d'eau, avec un filet d'huile. Saler et poivrer.

Assembler les tostadas en garnissant les tortillas de patates douces et de haricots noirs. Garnir de dés d'avocat, de fromage frais, de créma mexicaine, d'oignon rouge et de coriandre. Servir avec de la salsa.

CHAPITRE 6

POISSONS

MORUE FRITE SAUCE AU PIMENT DOUX

PORTIONS	PRÉPARATION	CUISSON
2	30 minutes	15 minutes

INGRÉDIENTS

60 ml (1/4 tasse) de babeurre

250 ml (1 tasse) de blancs d'œufs

150 g (1 1/4 tasse) de farine, divisée

130 g (1 tasse) de fécule de maïs

250 g (8 oz) de morue ou autre poisson blanc

Huile de canola, en quantité suffisante pour la friture

Sel et poivre, au goût

1 c. à café d'algues séchées nori ou dulse, ou de laitue de mer en flocons

SAUCE AU PIMENT DOUX

250 ml (1 tasse) de vinaigre blanc

200 g (1 tasse) de sucre

1 c. à soupe de sambal oelek

1 tranche épaisse de gingembre

1 petite carotte, râpée finement

Dans une casserole, à feu doux, chauffer tous les éléments de la sauce au piment doux, sauf la carotte, de 5 à 7 minutes ou jusqu'à ce qu'elle ait réduit de moitié et soit de consistance sirupeuse. Retirer le gingembre de la casserole. Hors du feu, ajouter la carotte et réserver.

Dans un bol, fouetter le babeurre et les blancs d'œufs. Dans un autre bol, déposer 30 g (1/4 tasse) de farine. Dans un troisième bol, mélanger 120 g (1 tasse) de farine et la fécule de maïs.

Couper le poisson en lanières. Préchauffer l'huile à friture à 180 °C (350 °F). Paner le poisson en le passant d'abord dans la farine, puis dans le mélange de blancs d'œufs, et enfin dans le mélange de farine et de fécule. Cuire dans l'huile environ 4 minutes.

Déposer le poisson frit sur des essuie-tout. Assaisonner avec du sel, du poivre et des algues séchées ou de la laitue de mer en flocons.

Servir avec la sauce au piment doux.

FLÉTAN SAUCE AMANDINE

INGRÉDIENTS

2 morceaux de flétan avec la peau d'environ 150 g (5 oz) chacun

60 ml (1/4 tasse) d'huile d'olive

3 oignons, 1/2 oignon coupé en tranches fines, le reste en gros dés

2 branches de thym

180 g (3/4 tasse) de beurre, divisé

60 ml (1/4 tasse) d'eau

125 ml (1/2 tasse) de crème 35 %

4 c. à soupe d'amandes en tranches

1/2 bouquet d'estragon, haché grossièrement + pour garnir

Sel et poivre, au goût

Non seulement cette sauce est délicieuse, mais elle porte le nom de ma douce moitié...

PORTIONS	PRÉPARATION	CUISSON
2	20 minutes	15 minutes

Préchauffer le four à 220 °C (425 °F).

Déposer les morceaux de flétan sur du papier d'aluminium, saler et arroser d'huile d'olive. Couvrir des tranches d'oignon et des branches de thym et refermer en papillote. Réserver.

Dans une casserole moyenne, à feu moyen, faire fondre 2 cuillères à soupe de beurre. Ajouter les dés d'oignon et 60 ml (1/4 tasse) d'eau. Saler, poivrer et mélanger. Cuire à couvert 3 minutes ou jusqu'à ce que les oignons soient fondants et le liquide complètement évaporé.

Au mélangeur, réduire les oignons en purée, puis incorporer la crème.

Enfourner le flétan et cuire 12 minutes.

Pendant que le poisson cuit, dans une petite poêle, chauffer le reste du beurre et faire griller les amandes. Quand le beurre et les amandes sont bien rôtis (noisette), ajouter l'estragon et retirer du feu.

Sortir le poisson du four. Retirer la peau (si elle ne vient pas, c'est que le flétan n'est pas assez cuit).

Servir le poisson avec la purée d'oignons et le beurre noisette. Garnir d'estragon haché.

DORADES GRILLÉES AU BARBECUE ET SALADE GRECQUE

J'ai eu la chance de préparer ce festin sur une belle plage de Grèce pour le fondateur de la compagnie d'huile d'olive La Belle Excuse. Beaucoup de vin grec et des souvenirs inoubliables.

PORTIONS	PRÉPARATION	CUISSON
4 à 6	30 minutes	15 à 20 minutes

DORADES GRILLÉES

3 dorades entières, vidées et écaillées

3 citrons, coupés en tranches

1 botte d'aneth

1 botte de persil plat

3 branches de romarin

Huile d'olive extra vierge

2 c. à soupe de jus de citron

Fleur de sel

SALADE GRECQUE

3 tomates rouges, coupées en huit

2 concombres, coupés en formes irrégulières

1 poivron vert, coupé en formes irrégulières

1 oignon rouge, haché finement

15 olives Kalamata

150 ml (2/3 tasse) de vinaigre de vin rouge

150 ml (2/3 tasse) d'huile d'olive extra vierge, ou au goût

1 bloc de 200 g (7 oz) de fromage feta, coupé en tranches épaisses

1 c. à soupe d'épices grecques

1/2 botte de persil plat, ciselé

Préchauffer le barbecue à intensité moyenne-élevée.

À l'aide d'un couteau, pratiquer 5 ou 6 entailles dans la chair des poissons, sans couper trop profondément. Assaisonner l'intérieur et l'extérieur des poissons de fleur de sel. Farcir les poissons avec les tranches de citron et les herbes fraîches, puis les arroser d'un généreux filet d'huile d'olive.

Déposer les poissons sur le gril et cuire de 6 à 8 minutes de chaque côté ou jusqu'à ce que la peau soit bien dorée. Déposer dans une assiette de service et arroser de jus de citron fraîchement pressé et d'un trait d'huile d'olive.

Pendant que les dorades cuisent, dans un grand saladier, mélanger tous les ingrédients de la salade grecque. Servir avec les dorades.

TRUITE ARC-EN-CIEL EN CROÛTE DE SEL

INGRÉDIENTS

2,5 kg (8 tasses) de gros sel de mer

60 g (1/2 tasse) de farine tout usage

6 blancs d'œufs

60 ml (1/4 tasse) d'eau

1 truite arc-en-ciel entière avec écailles (environ 1,3 kg/2 3/4 lb)

3 branches de thym frais

3 branches de romarin frais

3 feuilles de laurier

4 ou 5 tranches de citron

Un filet de jus de citron

2 c. à soupe d'huile d'olive

Sel et poivre, au goût

Je suis très heureux de la vidéo de cette recette, mais c'était assurément la première et la dernière fois que je cuisinais dehors en plein hiver à des températures aussi basses que -30 °C. Heureusement, j'ai encore mes dix doigts !

PORTIONS	PRÉPARATION	CUISSON
4	20 minutes	25 à 30 minutes

Préchauffer le four à 230 °C (450 °F).

Dans un bol, combiner le gros sel et la farine. Ajouter les blancs d'œufs et l'eau. À l'aide des mains ou d'une cuillère, bien mélanger jusqu'à ce que l'appareil soit homogène.

À l'aide de ciseaux, retirer les nageoires de la truite (ou demander au poissonnier de le faire).

Saler et poivrer l'intérieur du poisson et farcir de thym, de romarin, de laurier et de tranches de citron.

Mettre la moitié du mélange sel-farine sur un papier parchemin. Déposer le poisson dessus et le couvrir du restant du mélange. Bien presser le mélange sel-farine autour du poisson en s'assurant que la croûte est hermétique.

Déposer sur une plaque de cuisson, enfourner et cuire de 25 à 30 minutes ou jusqu'au point de cuisson désirée.

À l'aide d'un maillet, casser la croûte de sel et en dégager le poisson. Retirer la peau et les arêtes.

Placer les filets de truite sur une assiette de service. Arroser d'un filet de jus de citron et d'huile d'olive. Servir avec des tranches de pain grillé ou des croûtons.

BAR RAYÉ SAUCE VIERGE À LA CORIANDRE

PORTIONS	PRÉPARATION	CUISSON
4	20 minutes	25 minutes

INGRÉDIENTS

Un bar noir d'environ 1 kg (2 lb)

1 échalote française, hachée

1/2 citron, coupé en tranches

1 feuille de laurier

Quelques branches de thym

Un filet d'huile d'olive

Sel et poivre, au goût

SAUCE VIERGE

150 g (1 tasse) de tomates, en dés

2 c. à soupe de câpres

2 c. à soupe d'olives Cerignola, hachées grossièrement

4 c. à soupe d'huile d'olive

1 c. à soupe de jus de citron

40 g (3/4 tasse) de coriandre, hachée grossièrement

25 g (1/4 tasse) d'échalote française, ciselée

30 g (1/4 tasse) de citrons confits, en brunoise (voir p. 26)

Préchauffer le barbecue ou le four à 220 °C (425 °F).

Farcir le poisson d'échalote, de tranches de citron, de laurier et de thym. Saler et poivrer. Huiler le poisson, le déposer sur du papier d'aluminium et l'envelopper en papillote. Enfourner, ou mettre à couvert sur le barbecue sur la grille du haut. Cuire de 20 à 25 minutes.

Pendant la cuisson du poisson, dans un bol, mélanger tous les ingrédients de la sauce vierge.

Servir le poisson accompagné de la sauce vierge.

ESCABÈCHE DE MAQUEREAU

PORTIONS	PRÉPARATION	CUISSON	MACÉRATION
4	20 minutes	10 minutes	24 heures

INGRÉDIENTS

500 ml (2 tasses) d'huile d'olive + 1 c. à soupe pour suer l'oignon

1 oignon, coupé grossièrement

1 gousse d'ail, émincée

1 branche de thym

1 feuille de laurier

500 ml (2 tasses) de vinaigre de vin blanc

320 g (11 oz) de filets de maquereau

1 poivron rouge rôti, pelé et coupé en lanières

150 g (1 tasse) de petits pois, blanchis, chauds

Persil frais, ciselé

Dans une casserole, à feu doux, chauffer 1 cuillère à soupe d'huile et faire suer l'oignon 5 minutes. Ajouter l'ail, le thym et le laurier. Faire suer quelques minutes de plus. Verser le vinaigre et 500 ml (2 tasses) d'huile. Porter à ébullition et éteindre le feu. Laisser infuser le temps de préparer le poisson.

Déposer le poisson dans un plat résistant à la chaleur. Porter de nouveau le mélange d'huile et de vinaigre à ébullition et verser sur le poisson froid. Laisser refroidir à température ambiante, puis réfrigérer 24 heures.

Sortir le maquereau de son liquide et le couper en morceaux d'environ 5 cm (2 po). Déposer dans une assiette de service avec le poivron et les petits pois. Garnir de persil ciselé et déguster à l'apéro !

GRAVLAX DE SAUMON ET GÂTEAU DE POMMES DE TERRE

PORTIONS	PRÉPARATION	CUISSON	MACÉRATION
4 à 6	40 minutes	1 heure 5 minutes	50 heures

INGRÉDIENTS

4 c. à soupe de sucre

2 1/2 c. à soupe de sel fin

450 g (1 lb) de saumon de l'Atlantique (assez épais, avec la peau)

GÂTEAU DE POMMES DE TERRE

1,2 kg (2 1/3 lb) de pommes de terre Russet (6 grosses)

120 g (1/2 tasse) de beurre clarifié, fondu

Sel, au goût

GARNITURES

250 ml (1 tasse) de crème sure

Quelques brins d'aneth frais

Quelques brins de ciboulette fraîche

Mélanger le sucre et le sel. Déposer le saumon sur une plaque de cuisson et le saupoudrer de la moitié du mélange. Réserver à découvert au réfrigérateur 24 heures. Après 24 heures, couvrir du reste du mélange sucre-sel, et laisser mariner encore 24 heures au réfrigérateur.

Nettoyer le poisson et éponger la surface. Laisser sécher au froid quelques heures avant de le couper en fines tranches.

Préchauffer le four à 220 °C (425 °F).

Peler les pommes de terre et les couper en tranches d'environ 3 mm (1/8 po). À l'aide d'un pinceau, badigeonner le fond d'une poêle en fonte de 20 cm (8 po) de diamètre de beurre clarifié fondu. Monter en rosace les tranches de pomme de terre. Entre chaque étage, saler et badigeonner de beurre fondu.

Chauffer la poêle à feu moyen-vif de 4 à 5 minutes, puis enfourner et cuire 1 heure. Sortir du four et laisser reposer 15 minutes. Retourner dans une assiette, comme une tarte Tatin.

Servir le gâteau de pommes de terre avec les tranches de gravlax, la crème sure et les herbes.

CHAPITRE 7

FRUITS DE MER

CINEMATIC
PORTRAIT

COUTEAUX DE MER, POMME GRANNY SMITH, GINGEMBRE ET SALICORNE

PORTIONS	PRÉPARATION	CUISSON
4	20 minutes	5 minutes

VINAIGRETTE À LA POMME

1 échalote française, hachée finement

1 c. à soupe de gingembre frais, haché finement

1 gousse d'ail, hachée finement

1/2 pomme Granny Smith, hachée finement

Le zeste et le jus de 1 citron

1 c. à soupe de piment d'Espelette moulu

2 c. à soupe de salicorne, hachée finement

180 ml (3/4 tasse) d'huile d'olive

Sel et poivre, au goût

GARNITURES

375 ml (1 1/2 tasse) de glace concassée

1 piment chili, coupé en tranches fines

10 feuilles de cerfeuil frais

Préchauffer le four à 260 °C (500 °F).

Couvrir une plaque de cuisson de papier parchemin ou de papier d'aluminium et y déposer les tranches de citron. Les couvrir d'échalote, d'ail et de thym.

Disposer les couteaux de mer sur le dessus en s'assurant de bien les espacer. Verser l'huile d'olive, couvrir de papier d'aluminium et cuire au four 3 minutes.

Sortir les couteaux de mer, les arroser avec le vin blanc et les remettre au four 2 minutes ou jusqu'à ce que le coquilles ouvrent.

Laisser refroidir complètement avant de retirer le « pied » (extrémité brune) des couteaux de mer ainsi que l'intestin central, pour garder seulement la chair ferme et blanche.

Couper les couteaux de mer en tranches fines et déposer la chair dans un petit bol à mélanger. Conserver au froid.

Séparer délicatement les coquilles de couteaux de mer en deux avant de les nettoyer sous l'eau froide. Réserver les quatre plus belles coquilles pour le service.

Dans un moyen bol, mélanger tous les ingrédients de la vinaigrette. Goûter et rectifier l'assaisonnement au besoin.

Ajouter de 4 à 5 cuillères à soupe de vinaigrette dans le bol de couteaux de mer et mélanger.

Pour servir, disposer la glace dans une assiette refroidie et placer les coquilles réservées au centre. Remplir chacune généreusement avec le mélange de couteaux de mer. Arroser de vinaigrette et garnir de tranches de chili et de quelques feuilles de cerfeuil.

INGRÉDIENTS

1 citron, coupé en tranches fines

1 échalote française, coupée en tranches fines

4 gousses d'ail, coupées en tranches fines

2 ou 3 branches de thym

7 ou 8 couteaux de mer, rincés sous l'eau froide courante

3 c. à soupe d'huile d'olive

80 ml (1/3 tasse) de vin blanc

PIEUVRE GRILLÉE À LA MÉDITERRANÉENNE

La fameuse vidéo controversée sur mon TikTok où on me voit frapper une pieuvre contre une roche ! Cette technique, qui a pour but d'attendrir la pieuvre, remonte à des centaines d'années et est toujours pratiquée dans le monde. En cuisine, on utilise souvent un rouleau à pâtisserie pour arriver au même résultat, et les Japonais le font parfois à coups de daïkon bien ferme !

PORTIONS	PRÉPARATION	CUISSON
4 à 6	25 minutes	1 heure 10 minutes

INGRÉDIENTS

2 pieuvres moyennes

250 ml (1 tasse) de sel de mer méditerranéen

1 oignon, coupé en quartiers

5 gousses d'ail, écrasées

1 grosse tomate, coupée en quartiers

2 piments forts, coupés en deux sur la longueur

1 bouquet d'aneth

1 bouquet de persil

1 c. à soupe de grains de poivre

3 c. à soupe d'origan séché

3 c. à soupe de paprika

3 c. à soupe de thym séché

3 c. à soupe de marjolaine séchée

2 citrons, coupés en deux

GARNITURES

60 ml (1/4 tasse) d'huile d'olive extra vierge

1 citron, coupé en quartiers

Dans un grand bol, couvrir les pieuvres de sel de mer et les frotter vigoureusement de 3 à 4 minutes.

Rincer les pieuvres sous l'eau froide courante pour enlever tout le sel. Ce processus sert à nettoyer et à retirer le « gluant » de la pieuvre. Pour les attendrir, à l'aide d'un rouleau à pâtisserie, sur une surface plate, taper chaque tentacule individuellement environ 30 secondes.

Porter une grande casserole d'eau salée à ébullition et ajouter tous les ingrédients, sauf la pieuvre. Maintenir un léger frémissement. Tremper les pieuvres 2 ou 3 fois avant de les submerger afin d'éviter que les pattes collent au fond ou entre elles. Cuire de 45 à 60 minutes ou jusqu'à ce que les pattes soient tendres. Réserver dans un bol et laisser refroidir. Couper la tête et la conserver pour un autre usage.

Préchauffer le barbecue à feu moyen-vif.

Badigeonner les pieuvres d'huile d'olive et les griller au barbecue 5 ou 6 minutes de chaque côté ou jusqu'à l'obtention de belles marques de grille. À l'aide d'un couteau, séparer les pattes du corps et transférer dans une assiette de service. Garnir de quartiers de citron et d'un filet d'huile d'olive.

TACOS DE CREVETTES

INGRÉDIENTS

1 c. à café de chili ancho

1 c. à café de chili guajillo

1 c. à café de poudre d'oignon

1 c. à café de poudre d'ail

1 c. à café de chipotle fumé

1 c. à café de graines d'annatto, moulues

1 c. à café de coriandre moulue

1 c. à café de cumin moulu

1 c. à café d'origan séché, moulu

2 c. à soupe d'huile d'avocat ou d'huile végétale

1 kg (2 lb) de crevettes tigrées de taille moyenne, décortiquées et déveinées

Le jus de 1 citron vert

4 à 6 tortillas de maïs

GARNITURES

Salsa tropicale
(voir recette page 38)

3 citrons verts, en quartiers

On peut voir la vidéo de cette recette sur mon TikTok. C'est l'une de mes préférées à ce jour. C'est sûr que ça goûte toujours meilleur sur une plage du Mexique que dans un trois et demie à Laval, mais vous n'aurez qu'à fermer les yeux et à l'imaginer.

PORTIONS	PRÉPARATION	CUISSON	MACÉRATION
4 à 6	25 minutes	5 minutes	20 minutes

Mélanger toutes les épices, l'huile et les crevettes dans un bol et laisser mariner 20 minutes.

Dans une grande poêle, à feu vif, verser le mélange et cuire les crevettes environ 2 minutes de chaque côté. Déglacer avec le jus de citron vert et retirer du feu.

Chauffer les tortillas de maïs. Servir les crevettes sur les tortillas et garnir de salsa tropicale et d'un quartier de citron vert.

CRUDO DE PÉTONCLES ET DE CLÉMENTINES

INGRÉDIENTS

4 clémentines (2 pour le jus, 2 pour les suprêmes)

1 c. à café de gingembre frais, râpé ou haché

1 piment oiseau, coupé finement

2 c. à soupe d'oignons verts, hachés

1 petite échalote française, hachée finement

2 c. à café de sirop d'érable (ou sucre de canne)

3 c. à soupe d'huile d'olive

6 pétoncles U-10

Fleur de sel et poivre, au goût

GARNITURES

Le zeste de 1 clémentine

1 c. à soupe d'œufs de truite

Un filet d'huile d'olive

C'est en me promenant dans un marché du 11e arrondissement à Paris que l'idée de ce plat m'est venue. Un kiosque de poissons et de fruits de mer offrait des pétoncles frais, en coquilles, à manger sur place. J'avais quelques clémentines dans mon sac et la combinaison me semblait parfaite. Assis sur un banc de parc, en train de manger mes pétoncles crus agrémentés de fleur de sel, d'un filet d'huile d'olive et d'un peu de jus de clémentine... c'était le bonheur. Voici la version améliorée de ma recette de banc de parc.

PORTIONS	PRÉPARATION
2 à 4	15 minutes

Presser le jus de 2 clémentines dans un petit bol. Ajouter les suprêmes des 2 autres clémentines, le gingembre, le piment, les oignons verts, l'échalote, le sirop d'érable et l'huile d'olive. Bien mélanger, saler et poivrer. Réserver au réfrigérateur.

À l'aide d'un couteau à filet bien aiguisé, couper les pétoncles en tranches fines et les déposer sur une assiette. Assaisonner de fleur de sel. Arroser les pétoncles de vinaigrette aux clémentines. Garnir de zeste de clémentine, d'œufs de truite et d'huile d'olive.

PÉTONCLES POÊLÉS ET PURÉE D'AUBERGINE ÉPICÉE

PORTIONS	PRÉPARATION	CUISSON
2 à 4	30 minutes	30 minutes

INGRÉDIENTS

12 pétoncles (U-15)

2 c. à soupe d'huile d'olive

4 c. à soupe de beurre

1 branche de thym

Coriandre fraîche

Piments biquinho marinés (voir page 29)

Sel, au goût

PURÉE D'AUBERGINE

4 aubergines italiennes nubia

2 c. à soupe d'huile d'olive

4 c. à soupe de graines de sésame, grillées

2 c. à soupe de fleur d'ail confite + un filet d'huile pour servir

2 c. à soupe de jus de marinade de piments biquinho marinés (voir page 29)

2 c. à soupe de jus de citron

2 c. à soupe de beurre

Sel, au goût

Préchauffer le barbecue à intensité élevée.

Pour la purée d'aubergine : à l'aide d'une fourchette, percer des trous dans les aubergines. Les badigeonner d'huile d'olive et les déposer sur la grille chaude du barbecue. Lorsque la peau est complètement carbonisée, après environ 25 minutes, retirer du gril. Couper les aubergines en deux sur la longueur. Arroser la chair d'huile d'olive, saler, remettre les aubergines sur la grille du barbecue et cuire 2 minutes ou jusqu'à ce que la chair soit bien brûlée. Laisser refroidir 5 minutes.

Retirer la peau des aubergines (pour un petit goût fumé, conserver un peu de peau carbonisée). Au mélangeur, réduire la chair en purée. Ajouter les graines de sésame, la fleur d'ail confite, le jus de marinade, le jus de citron, le beurre et du sel. Mixer jusqu'à l'obtention d'une texture lisse. Réserver.

Saler généreusement les pétoncles. Dans une poêle chaude, à feu moyen-vif, verser l'huile d'olive et saisir les pétoncles 2 minutes. Ajouter le beurre et le thym, retourner les pétoncles, les arroser et cuire 1 minute.

Dans une grande assiette de service, préparer 12 nids de purée d'aubergine et y disposer les pétoncles.

Garnir de coriandre, de piments biquinho marinés et d'un filet d'huile de fleur d'ail confite.

HUÎTRES COQUINES

INGRÉDIENTS

4 grosses huîtres du Pacifique ou 12 petites de l'Atlantique

Gros sel (facultatif)

SAUCE MORNAY

1 c. à soupe de beurre

40 g (1/3 tasse) de farine

250 ml (1 tasse) de lait

60 g (1/4 tasse) de fromage râpé (gruyère, emmental)

1/4 c. à soupe de moutarde de Dijon

1 jaune d'œuf

1/4 de brocoli, blanchi et haché grossièrement

15 g (1/4 tasse) de chapelure panko

Poivre

PORTIONS	PRÉPARATION	CUISSON
2 ou 3	30 minutes	15 minutes

Dans une marguerite, cuire les huîtres à la vapeur de 3 à 5 minutres ou jusqu'à ce qu'elles ouvrent. Récupérer la chair des huîtres, la couper en morceaux et la réserver au frais.

Tapisser une plaque de cuisson de gros sel ou de papier d'aluminium pour que les huîtres soient stables pendant la cuisson. Nettoyer les coquilles des huîtres et les disposer sur la plaque.

Pour la sauce Mornay : dans une casserole, à feu doux, chauffer le beurre. Incorporer la farine et cuire 2 minutes. Ajouter le lait progressivement, en fouettant, et mélanger jusqu'à l'obtention d'une préparation homogène. Cuire 4 minutes à feu doux. Retirer du feu et incorporer le fromage, la moutarde et le jaune d'œuf.

Ajouter les huîtres et le brocoli à la sauce Mornay. Répartir la sauce Mornay aux huîtres dans les coquilles sur la plaque.

Préchauffer le four à gril (*broil*).

Saupoudrer le panko sur les huîtres et poivrer. Enfourner et laisser dorer quelques minutes. Servir aussitôt.

CALMARS FARCIS AU RIZ À PAELLA

PORTIONS	PRÉPARATION	CUISSON
4 à 6	45 minutes	40 minutes

COULIS DE PIMENTS DE PIQUILLO

1 pot (200 g/7 oz) de piments de piquillo rôtis dans l'huile, égouttés en gardant 2 c. à soupe d'huile

1 c. à soupe de vinaigre de xérès

125 ml (1/2 tasse) d'eau

GARNITURES

Une noix de beurre

30 g (environ 1/4 tasse) de petits pois frais ou surgelés, blanchis dans de l'eau salée

Le jus et le zeste de 1 citron

1/2 botte de persil plat, ciselé

1 c. à soupe d'huile d'olive

Au mélangeur, mixer tous les ingrédients du coulis de piments de piquillo jusqu'à l'obtention d'une purée lisse. Ajouter un peu d'eau si la purée est trop épaisse. Goûter et rectifier l'assaisonnement au besoin. Couvrir et réserver à température ambiante.

Dans une casserole moyenne, porter 1,5 litre (6 tasses) d'eau légèrement salée à ébullition. Plonger les tubes de calmars dans l'eau bouillante quelques secondes ou jusqu'à ce qu'ils gonflent légèrement. Transférer dans un bol d'eau glacée pour arrêter la cuisson. Réserver au réfrigérateur.

Dans une poêle moyenne, à feu moyen, chauffer 1 cuillère à soupe d'huile et faire revenir le chorizo de 4 à 5 minutes ou jusqu'à ce qu'il ait rendu tout son gras. Ajouter l'oignon et le poivron, et faire revenir environ 5 minutes ou jusqu'à ce que l'oignon soit translucide. Ajouter l'ail et le paprika, et remuer environ 2 minutes. Ajouter le riz et le nacrer de 3 à 4 minutes.

Ajouter la tomate, l'eau infusée au safran et le bouillon de poulet. Porter à ébullition, réduire à feu doux et cuire de 12 à 15 minutes, en ajoutant les têtes de calmars à mi-cuisson. Transférer le riz sur une plaque de cuisson et laisser refroidir à température ambiante.

À l'aide d'une poche à pâtisserie ou d'une cuillère, farcir les tubes de calmars de riz en laissant assez d'espace pour fermer l'ouverture à l'aide d'un cure-dents.

Dans une grande poêle, chauffer le reste de l'huile et saisir les calmars de tous côtés environ 5 minutes ou jusqu'à ce qu'ils soient bien dorés. Retirer du feu et réserver.

Dans une petite casserole, à feu moyen, faire fondre une noix de beurre et faire sauter les petits pois pour les réchauffer. Dans une grande assiette, verser une généreuse quantité de coulis de piments de piquillo. Ajouter les calmars farcis et les petits pois. Garnir de jus et de zeste de citron, de persil et d'un filet d'huile d'olive.

INGRÉDIENTS

8 calmars entiers (environ 565 g/ 1 1/4 lb), nettoyés et vidés (têtes à part)

2 c. à soupe d'huile d'olive, divisée

100 g (3 1/2 oz) de chorizo

1/2 oignon blanc, coupé en dés

1/2 poivron rouge, coupé en dés

3 gousses d'ail, hachées finement

2 c. à café de paprika doux

100 g (1/2 tasse) de riz à paella bomba

1 tomate fraîche, coupée en dés

1 pincée de safran, infusée dans 7 c. à soupe d'eau tiède

375 ml (1 1/2 tasse) de bouillon de poulet

Sel et poivre, au goût

Hôtel St-Cerny, Verchères,
Québec, Canada, 1959.

Célébration d'une noce à l'Hôtel St-Cerny, Verchères, Québec, Canada, 1954.

Mamie Alice (à droite) qui tient un chou piqué de crevettes et Mme Racine qui tient des crudités.

Papi Lucien et Mamie Alice au restaurant Au Lutin qui bouffe à Montréal dans les années 1950. Mamie Alice nourrit au biberon un petit cochon de lait ; c'était le rituel dans ce restaurant.

CHAPITRE 8

VIANDES

POULET À LA CRÈME

INGRÉDIENTS

1 poulet d'environ 1,5 kg (3 1/2 lb)

120 g (1/2 tasse) de beurre

500 g (3 tasses) de champignons de Paris, coupés en quartiers

250 g (2 tasses) de champignons sauvages (chanterelles et pleurotes)

1 tête d'ail, coupée en deux

6 échalotes françaises (environ 250 g/1 tasse), émincées

Quelques branches de thym

250 ml (1 tasse) de vin blanc, divisé

750 ml (3 tasses) de crème 35 %

Une poignée de persil, ciselé

Sel et poivre, au goût

PORTIONS	PRÉPARATION	CUISSON
4 à 6	20 minutes	1 heure 15 minutes

Préchauffer le four à 220 °C (425 °F).

Saler et poivrer le poulet. Dans une poêle, à feu moyen-vif, faire fondre le beurre et dorer le poulet de tous côtés environ 5 minutes. Transférer le poulet dans une cocotte.

Dans la même poêle, colorer les champignons, l'ail, les échalotes et le thym de 3 à 5 minutes. Déglacer avec 200 ml (4/5 tasse) de vin blanc, puis ajouter la crème. Verser le mélange sur le poulet, enfourner et cuire 30 minutes.

Baisser la température du four à 180 °C (350 °F) et poursuivre la cuisson 30 minutes.

Retirer le poulet de la cocotte et le laisser reposer dans une assiette. Pendant ce temps, à feu moyen, laisser réduire la sauce quelques minutes. Retirer du feu et ajouter le reste du vin blanc (pour avoir un bon goût de vin cru).

Couper le poulet en morceaux, servir avec la sauce et garnir de persil haché.

TARTARE DE BŒUF AUX BOURGOTS

Voici une recette que j'ai créée pour un pop-up au restaurant le Bar St-Denis. C'est ma version froide du terre et mer, et vous n'en reviendrez même pas comme c'est bon !

PORTIONS
4 (entrée)

PRÉPARATION
30 minutes

INGRÉDIENTS

320 g (11 oz) de filet d'épaule ou d'intérieur de ronde de bœuf

1/2 échalote française, hachée

1 c. à café de sel

1 c. à soupe de câpres, rincées et hachées

1 c. à soupe de salicorne ciselée

1 c. à soupe d'huile d'olive

Une poignée de persil, ciselé

Sauce piquante, au goût

Poivre du moulin

GARNITURES

125 g (4 oz) de bourgots en saumure, émincés

Le jus et le zeste de 1/2 citron

4 œufs de caille

Salicorne

Hacher le bœuf ou demander au boucher de le faire.

Dans un bol, mélanger la viande avec le reste des ingrédients.

Étaler le bœuf dans une assiette de service.

Pour les garnitures : dans un petit bol, mélanger les bourgots, le jus et le zeste de citron.

Disposer le mélange de bourgots sur le bœuf.

Séparer les jaunes d'œufs des blancs, remettre les jaunes dans la coquille et en décorer l'assiette (garder les blancs pour une autre utilisation). Garnir de salicorne et verser le jaune sur le tartare juste au moment de déguster !

TACOS AL PASTOR

INGRÉDIENTS

1 kg (2 lb) d'épaule ou de fesse de porc

MARINADE POUR LE PORC

1/4 d'ananas, pelé et coupé grossièrement

1 piment habanero, épépiné et coupé grossièrement

1 oignon, coupé grossièrement

4 ou 5 gousses d'ail

50 g (1 tasse) de coriandre fraîche

1 piment séché

Le jus de 4 ou 5 citrons verts

4 c. à soupe d'épices Al Pastor

Sel, au goût

GARNITURES

Tortillas de maïs

Salsa verde à l'ananas grillé (voir recette page 37)

Radis, coupés en tranches fines

Ananas, coupé en brunoise

Oignon rouge, coupé en brunoise

Coriandre fraîche, ciselée

Je ne sais pas si je crois au coup de foudre, mais la première fois que j'ai aperçu cette fameuse sculpture de tranches de porc mariné qui tournait sur une broche, avec un ananas en guise de chapeau, j'ai tout de suite su que nous étions faits l'un pour l'autre. Cette version peu traditionnelle de ce plat, plus adaptée à la cuisine maison, fera de vous le héros de votre prochaine fiesta mexicaine.

PORTIONS	PRÉPARATION	CUISSON	CONGÉLATION
8 à 10	45 minutes	10 minutes	20 minutes

MACÉRATION
minimum 1 heure, maximum 24 heures

À l'aide d'un couteau bien aiguisé, couper le porc en tranches de 1,5 cm (1/2 po) environ. Pour faciliter cette étape, mettre le porc au congélateur 20 minutes avant de le trancher. Réserver dans un bol.

Au mélangeur ou au robot culinaire, mixer tous les ingrédients de la marinade jusqu'à l'obtention d'une consistance lisse. Verser sur les tranches de porc et laisser mariner au réfrigérateur au moins 1 heure, et jusqu'à 24 heures.

Préchauffer le barbecue à intensité élevée.

Au barbecue, griller le porc 3 minutes de chaque côté ou jusqu'à l'obtention de belles marques de grille. Transférer le porc sur une planche à découper et le couper en fines tranches (style Al Pastor).

Servir dans des tortillas chaudes et garnir de salsa verde, de tranches de radis, d'ananas et d'une généreuse quantité d'oignon et de coriandre.

JARRET DE PORC À L'ÉRABLE ET EMBEURRÉE DE CHOU

PORTIONS	PRÉPARATION	CUISSON	REPOS
4	25 minutes	4 heures 30 minutes	10 minutes

EMBEURRÉE DE CHOU

1 chou vert, tranché finement

150 g (5 oz) de lardons de porc

120 g (1/2 tasse) de beurre, divisé

1 c. à soupe d'huile d'olive

1 oignon blanc, haché finement

1 grosse carotte, coupée en tranches fines

3 ou 4 gousses d'ail, coupées en tranches fines

2 feuilles de laurier frais

250 ml (1 tasse) de vin blanc

310 ml (1 1/4 tasse) de bouillon de légumes

Sel et poivre, au goût

Préchauffer le four à 180 °C (350 °F).

À l'aide d'un couteau bien aiguisé, entailler la peau du jarret de porc de tous côtés.

Dans une poêle, à feu moyen-vif, chauffer l'huile d'olive et saisir le jarret de tous côtés jusqu'à ce qu'il soit doré et croustillant. Ajouter l'oignon, la carotte, l'ail, le thym et les feuilles de laurier, et cuire 5 minutes pour attendrir les légumes.

Déglacer avec le whisky à l'érable et flamber jusqu'à l'extinction de la flamme. Ajouter le vin blanc et laisser réduire. Ajouter le bouillon de porc et le sirop d'érable, et porter à ébullition. Enfourner et cuire au moins 3 1/2 heures, en retournant le jarret toutes les 30 à 40 minutes.

Pendant ce temps, préparer l'embeurrée de chou : porter une casserole d'eau salée à ébullition et blanchir le chou de 2 à 3 minutes. Transférer dans une passoire et laisser refroidir.

Dans une grande poêle, à feu moyen-vif, cuire les lardons jusqu'à ce qu'ils soient dorés et croustillants. Transférer dans une passoire (conserver le gras pour une autre utilisation). Dans la même poêle, à feu moyen, ajouter la moitié du beurre et l'huile d'olive. Faire revenir l'oignon, la carotte, l'ail et les feuilles de laurier, du sel et du poivre jusqu'à ce que les légumes soient attendris. Ajouter le chou et cuire 2 minutes. Remettre les lardons dans la poêle. Verser le vin blanc et le laisser réduire aux trois quarts. Ajouter le bouillon de légumes et porter à ébullition.

Couvrir et cuire de 25 à 30 minutes ou jusqu'à ce que le chou soit tendre. Ajouter le reste du beurre et laisser reposer 10 minutes à couvert avant de servir.

Sortir le jarret du four et le servir sur un nid d'embeurrée de chou. Napper de sauce.

INGRÉDIENTS

1 jarret de porc de 450 à 700 g (1 à 1,5 lb)

2 c. à soupe d'huile d'olive

1 oignon blanc, haché finement

1 grosse carotte, coupée en tranches fines

3 ou 4 gousses d'ail, hachées finement

2 ou 3 branches de thym

2 feuilles de laurier frais

60 ml (1/4 tasse) de whisky à l'érable

250 ml (1 tasse) de vin blanc

1 litre (4 tasses) de bouillon de porc

125 ml (1/2 tasse) de sirop d'érable

Sel et poivre, au goût

LA DINDE DU ROI

PORTIONS	PRÉPARATION	CUISSON	REPOS
2	20 minutes	2 heures 30 minutes	25 minutes

INGRÉDIENTS

1 cuisse de dinde bien dodue

3 c. à soupe d'huile d'olive, divisée

11 c. à soupe de beurre, divisé

4 ou 5 gousses d'ail, pelées et écrasées

1 échalote française, coupée en deux sur la longueur

1 bouquet de romarin

1 bouquet de thym

120 g (3/4 tasse) de canneberges fraîches ou surgelées

250 ml (1 tasse) de vin blanc

310 ml (1 1/4 tasse) de bouillon de dinde ou de poulet

Sel et poivre, au goût

RÉDUCTION

250 ml (1 tasse) de sirop d'érable

1 branche de romarin

2 c. à soupe de moutarde de Dijon

GARNITURE

1/2 botte de ciboulette, ciselée

Préchauffer le four à 200 °C (400 °F).

Badigeonner la volaille de 2 cuillères à soupe d'huile d'olive et saler généreusement. Dans une grande poêle allant au four, à feu moyen-vif, chauffer 1 cuillère à soupe d'huile d'olive et faire revenir la cuisse de dinde côté peau de 5 à 6 minutes ou jusqu'à ce que la peau soit bien dorée. Tourner la cuisse de l'autre côté et poursuivre la cuisson 5 ou 6 minutes ou jusqu'à ce que la chair soit bien colorée.

Enlever l'huile de cuisson de la poêle et ajouter 7 cuillères à soupe de beurre, l'ail, l'échalote, le romarin et le thym. À l'aide d'une cuillère, arroser constamment la cuisse de beurre pendant 2 ou 3 minutes. Ajouter les canneberges, déglacer avec le vin blanc et laisser réduire de moitié. Ajouter le bouillon et amener à frémissement. Cuire au four 20 minutes.

Pendant ce temps, dans une petite casserole, à feu moyen, faire réduire de moitié le sirop d'érable avec le romarin pour l'épaissir. Incorporer la moutarde de Dijon. Laisser refroidir complètement. À l'aide d'un pinceau, badigeonner généreusement la cuisse de dinde de la réduction.

Baisser la température du four à 180 °C (350 °F), remettre au four et cuire 1 1/2 heure ou jusqu'à ce que la cuisse ait atteint une température interne de 180 °C (350 °F). Badigeonner la cuisse toutes les 15 à 20 minutes. Ajouter de l'eau ou du bouillon au besoin. Transférer la cuisse de dinde sur une grille et laisser reposer au moins 25 minutes. Mettre les échalotes de côté pour la présentation.

Pour la sauce : placer un tamis au-dessus d'une petite casserole et verser le contenu de la poêle pour récupérer le jus de cuisson. Porter à ébullition et laisser réduire jusqu'à ce que la sauce nappe le dos d'une cuillère. Ajouter le reste du beurre hors du feu et monter la sauce en faisant un mouvement circulaire pour bien l'émulsifier.

Servir sur une purée de légumes-racines, arroser d'une généreuse quantité de sauce et garnir d'échalotes et de ciboulette.

MAGRET DE CANARD ET BETTERAVE

PORTIONS	PRÉPARATION	CUISSON
2 à 4	40 minutes	45 minutes

INGRÉDIENTS

4 betteraves rouges moyennes

2 branches de thym, divisées

2 branches de romarin, divisées

6 gousses d'ail, pelées et écrasées, divisées

2 c. à soupe de crème 35 %

125 ml (1/2 tasse) de champagne ou autres bulles, au choix

2 c. à soupe d'huile d'olive, divisée

1 magret de canard

1 c. à soupe de beurre

125 ml (1/2 tasse) de réduction de balsamique

1 c. à soupe de ciboulette, ciselée

Fleur de sel, au goût

Dans une casserole d'eau froide, porter à ébullition les betteraves, 1 branche de thym, 1 branche de romarin, 3 gousses d'ail et une pincée de fleur de sel, et cuire de 20 à 25 minutes. Utiliser la pointe d'un couteau pour s'assurer que les betteraves sont bien cuites.

Égoutter les betteraves, laisser refroidir 5 minutes et les peler pendant qu'elles sont encore chaudes. Couper 1 ou 2 betteraves en dés et les réserver pour la garniture.

Au mélangeur, mixer le reste des betteraves, la crème, le champagne, 1 cuillère à soupe d'huile d'olive et un peu de fleur de sel jusqu'à l'obtention d'une consistance lisse. Réserver.

Préchauffer le four à 200 °C (400 °F).

À l'aide d'un couteau bien aiguisé, retirer les tendons et l'excédent de gras du magret de canard. Entailler le gras de canard, sans couper la chair du magret. Saler.

Dans une poêle antiadhésive froide, déposer le magret de canard côté peau. Chauffer la poêle à feu moyen-vif. Le canard rendra beaucoup de graisse et deviendra lentement croustillant. Verser l'excédent de gras 2 ou 3 fois dans un bol (conserver pour une autre utilisation). Lorsque la peau est dorée et croustillante, retourner le magret.

Ajouter le beurre, les deuxièmes branches de romarin et de thym et le reste de l'ail, et arroser. À l'aide d'un pinceau, badigeonnez le magret côté peau de réduction balsamique. Enfourner et cuire de 4 à 5 minutes ou selon la cuisson désirée. Laisser reposer le magret sur une plaque de cuisson 6 minutes. Couper le magret en 4 ou 5 tranches sur la longueur.

Dans une petite poêle, chauffer 1 cuillère à soupe d'huile d'olive et faire sauter les dés de betteraves réservés quelques minutes. Dans une assiette creuse, déposer un nid de purée de betterave et y disposer les tranches de magret. Garnir des dés de betteraves, d'une pincée de fleur de sel et de ciboulette.

LAPINS À LA MOUTARDE

INGRÉDIENTS

2 gros lapins

Huile d'olive

2 c. à soupe de beurre

250 g (2 tasses) de chanterelles, coupées en quartiers ou entières si petites

90 g (1 tasse) de morilles

1 échalote française, hachée

3 gousses d'ail, hachées finement

250 ml (1 tasse) de vin blanc

500 ml (2 tasses) de crème 35 %

2 c. à soupe de moutarde de Dijon, divisée

2 c. à soupe de graines de moutarde, divisées

2 c. à soupe de sirop d'érable

10 à 12 feuilles de persil, ciselées

1 botte de ciboulette, ciselée

Sel et poivre, au goût

*Encore à ce jour, chaque fois que quelqu'un me demande quel est mon plat préféré de tous les temps, c'est celui-là que je nomme. Je ne sais pas si c'était juste le repas, les gens avec qui j'étais, le service ou simplement le fait que j'étais sur cette belle terrasse à côté du célèbre pont d'Avignon, dans le sud de la France, mais bref, ce que j'essaie de dire, c'est que, le lapin, c'est f*** délicieux et que vous devriez l'essayer ! On le sait bien, les lapins sont tout mignons et font de très gentils animaux de compagnie. Certains les préfèrent en cage, mais moi, je les préfère dans mon assiette, nappés de sauce crémeuse à la moutarde et garnis d'une bonne quantité de champignons sauvages.*

PORTIONS	PRÉPARATION	CUISSON
4 à 6	20 minutes	50 minutes

Préchauffer le four à 180 °C (350 °F).

Saler et poivrer les lapins et les arroser d'huile d'olive.

Dans une rôtissoire, à feu moyen-vif, saisir les lapins de tous côtés jusqu'à ce qu'ils soient dorés. Réserver sur une plaque de cuisson.

Ajouter le beurre dans la rôtissoire. Cuire les champignons 5 minutes à feu vif. Saler et poivrer. Ajouter l'échalote et l'ail, et cuire 2 minutes. Déglacer avec le vin blanc et laisser réduire de moitié. Ajouter la crème, 1 cuillère à soupe de moutarde de Dijon et 1 cuillère à soupe de graines de moutarde, et porter à ébullition.

Dans un bol, mélanger le reste de la moutarde et des graines de moutarde et le sirop d'érable. Badigeonner les lapins de tous côtés du mélange.

Remettre les lapins dans la rôtissoire et cuire au four 40 minutes. Arroser de sauce toutes les 10 minutes.

Disposer les lapins entiers dans une grande assiette de service et les arroser de crème aux champignons. Garnir de persil et de ciboulette, et déguster à la bonne franquette !

TRANCHES DE GIGOT D'AGNEAU BBQ

PORTIONS	PRÉPARATION	CUISSON	MACÉRATION
2	15 minutes	10 minutes	12 heures

INGRÉDIENTS

2 tranches de gigot d'environ 350 g (12 oz) chacune

Piment d'Alep en flocons

MARINADE

1 citron, coupé en deux

1 petit oignon, émincé

2 c. à soupe de piment d'Alep

1 c. à soupe d'ail haché

2 c. à soupe d'huile d'olive

1 c. à soupe de sel

2 c. à soupe de paprika fumé

Poivre du moulin, au goût

Pour préparer la marinade, presser légèrement les moitiés de citron au-dessus d'un grand bol (elles doivent conserver un peu de jus). Réserver les moitiés de citron. Ajouter dans le bol le reste des ingrédients de la marinade et mélanger.

Déposer les tranches de gigot dans le bol et bien les enrober de marinade. Couvrir et laisser mariner au réfrigérateur 12 heures.

Préchauffer le barbecue à intensité élevée.

Déposer les tranches d'agneau sur la grille du barbecue directement au-dessus du feu et les saisir des deux côtés de manière à les marquer. Déplacer les tranches sur la grille du haut et poursuivre la cuisson de 5 à 7 minutes environ. Griller les moitiés de citron pendant que l'agneau finit de cuire.

Transférer les tranches de gigot dans une assiette de service. Presser le citron grillé au-dessus de la viande et garnir de flocons de piment d'Alep.

Servir avec une salade de tomates au cumin.

ESCALOPES DE PORC PANÉES

PORTIONS	PRÉPARATION	CUISSON
2	30 minutes	10 minutes

INGRÉDIENTS

350 g (12 oz) de longe de porc, coupée en 4 tranches de 5 mm (1/4 po) d'épaisseur

60 g (1/2 tasse) de farine

1 œuf

1 c. à soupe de moutarde de Dijon

5 c. à café de lait

3 c. à soupe de beurre

1 c. à soupe d'huile d'olive

1 citron, coupé en quartiers

1 gros cornichon, coupé en bâtonnets

Sel et poivre, au goût

CHAPELURE VERTE

75 g (1/2 tasse) de chapelure

60 g (1 tasse) de persil frais, haché grossièrement

Au robot culinaire, mixer la chapelure et le persil jusqu'à l'obtention d'un mélange vert. Réserver dans une assiette.

À l'aide d'un attendrisseur à viande, aplatir les escalopes de moitié. Saler et poivrer de chaque côté.

Dans une assiette, étendre la farine. Dans une autre assiette, battre l'œuf, la moutarde et le lait. Paner les escalopes à l'anglaise, c'est-à-dire les enfariner, une à une, puis secouer pour enlever l'excédent de farine. Ensuite, les enrober du mélange d'œuf battu et, enfin, les passer dans la chapelure verte.

Dans une grande poêle, à feu moyen, chauffer le beurre et l'huile d'olive. Quand le beurre mousse, déposer délicatement les escalopes dans la poêle. Une fois qu'elles sont bien colorées, tourner et compléter la cuisson, soit environ 2 à 3 minutes de chaque côté.

Servir avec des quartiers de citron et des cornichons.

CÔTE DE BŒUF ET ESCARGOTS À L'AIL

En errant dans les rues d'Amsterdam par une chaude journée d'automne, à la recherche d'un bar à vin nature, ma copine et moi sommes tombés sur le Glouglou. Une coupe de vin de Bourgogne à la main, nous avons commandé les escargots à l'ail et la côte de bœuf. Les saveurs entremêlées de ces deux plats m'ont inspiré l'idée de les jumeler dans une même assiette.

PORTIONS	PRÉPARATION	CUISSON	REPOS
4 à 6	10 minutes	30 minutes	2 heures

INGRÉDIENTS

1 côte de bœuf de 1 kg (2 lb) de 5 cm (2 po) d'épaisseur

10 échalotes françaises, coupées en quatre

750 ml (3 tasses) de vin rouge (1 bouteille)

1 c. à soupe de vinaigre de vin rouge

125 g (1/2 tasse) de beurre pommade

1/4 de botte de persil, ciselé

3 gousses d'ail, hachées finement

1 boîte (115 g) d'escargots, rincés et égouttés

Sel et poivre, au goût

Sortir la côte de bœuf du réfrigérateur et la laisser tempérer 2 heures avant de la cuire.

Dans une casserole, à feu moyen-vif, porter à ébullition les échalotes, le vin rouge et le vinaigre. Réduire à feu doux et cuire jusqu'à ce que le vin soit presque entièrement évaporé.

Dans un bol, mélanger le beurre, le persil, l'ail, du sel et du poivre. Réserver 50 g (1/4 tasse) de ce mélange pour les escargots et rouler le reste dans une pellicule de plastique. Réfrigérer.

Emballer les escargots et le mélange de beurre réservé dans du papier d'aluminium. Réserver.

Préchauffer le barbecue à la puissance maximale.

Saler généreusement le bœuf des deux côtés et le saisir des deux côtés au barbecue pour le marquer. Cuire à feu doux sur la grille du haut 8 minutes de chaque côté.

Mettre la papillote d'escargots sur la grille du haut à la neuvième minute. Retirer le bœuf du barbecue et le laisser reposer, couvert d'un papier d'aluminium, 12 minutes. Retirer les escargots du barbecue après le temps de repos de la viande.

Couper le beurre à l'ail en rondelles. Couper la viande en tranches et garnir des rondelles de beurre et des escargots.

CHAPITRE 9

DESSERTS

TARTE FRAISES ET PISTACHES

PÂTE

2 c. à soupe de poudre de pistaches

240 g (2 tasses) de farine + pour le plan de travail

130 g (3/4 tasse) de sucre glace

140 g (2/3 tasse) de beurre, coupé en cubes

1 œuf

Pois secs (pour la cuisson)

CRÈME DE PISTACHES

125 g (1 1/4 tasse) de poudre de pistaches

120 g (1/2 tasse) de beurre

150 g (1 tasse) de sucre glace

3 c. à soupe de farine

2 œufs

GARNITURES

2 casseaux de fraises, coupées en quartiers (400 g/14 oz)

3 c. à soupe de sucre

Crème fouettée

Je dois faire une petite confession ici : j'ai une énorme dent sucrée et je ne suis pas fier d'avouer que j'ai déjà mangé cette tarte au complet en une seule soirée. Délicieux mais dangereux.

PORTIONS	PRÉPARATION	CUISSON	RÉFRIGÉRATION
6 à 8	40 minutes	27 minutes	1 heure 30 minutes

Pour la pâte : au robot culinaire, mélanger la poudre de pistaches, la farine et le sucre glace. Ajouter le beurre et pulser jusqu'à l'obtention d'une pâte d'apparence sablonneuse. Ajouter l'œuf et pulser quelques fois, jusqu'à ce que la pâte s'amalgame. Emballer dans une pellicule de plastique et laisser reposer au réfrigérateur au moins 1 heure.

Au robot culinaire, mélanger tous les ingrédients de la crème de pistaches. Réserver.

Préchauffer le four à 190 °C (375 °F).

Sur un plan de travail légèrement fariné, à l'aide d'un rouleau à pâtisserie, abaisser la pâte et foncer un moule de 25 cm (10 po). Réfrigérer 30 minutes.

Déposer une feuille de papier parchemin sur la pâte et ajouter des pois secs par-dessus (pour l'empêcher de gonfler à la cuisson). Cuire 15 minutes. Retirer le papier et les pois. Baisser la température du four à 180 °C (350 °F). Répartir la crème de pistaches dans la pâte et poursuivre la cuisson 12 minutes. Laisser refroidir à température ambiante.

Mélanger les fraises avec le sucre et laisser macérer quelques minutes. Disposer les fraises sur la tarte (en réserver quelques-unes). Garnir de crème fouettée et des fraises réservées.

BLONDIE SAUCE AUX BLEUETS

PORTIONS	PRÉPARATION	CUISSON
4 à 6	15 minutes	30 minutes

INGRÉDIENTS

120 g (1/2 tasse) de beurre + pour le moule

60 g (1/3 tasse) de pépites de chocolat blanc + 2 c. à soupe à mettre sur le dessus du blondie avant d'enfourner

2 œufs

230 g (1 tasse) de cassonade

120 g (1 tasse) de farine tamisée

SAUCE AUX BLEUETS

100 g (1/2 tasse) de sucre

125 ml (1/2 tasse) d'eau

150 g (1 tasse) de bleuets

60 g (1/4 tasse) de beurre froid

Zeste de citron

Préchauffer le four à 180 °C (350 °F). Beurrer un moule à gâteau carré de 20 cm (8 po).

Au micro-ondes ou au bain-marie, faire fondre le beurre et 60 g (1/3 tasse) de chocolat blanc. Réserver.

Au mélangeur, à haute vitesse, fouetter les œufs et la cassonade 4 minutes. Incorporer la farine en mélangeant délicatement.

Plier le mélange de beurre et chocolat blanc fondu dans l'appareil d'œufs et de cassonade.

Verser l'appareil dans le moule préparé et parsemer le dessus de 2 cuillères à soupe de pépites de chocolat blanc.

Cuire au four 20 minutes. Retirer du four et laisser refroidir.

Pour la sauce aux bleuets : dans une poêle, à feu moyen-vif, chauffer le sucre et l'eau. Quand le sirop bout, ajouter les bleuets et cuire quelques minutes. Écraser légèrement les bleuets avec le dos d'une cuillère. Cuire encore 1 ou 2 minutes et retirer du feu. À l'aide d'un fouet, monter la sauce avec le beurre froid.

Démouler le blondie dans une assiette. Verser la sauce aux bleuets et garnir de zeste de citron. Servir avec de la crème 35 % ou de la crème glacée.

TARTE AU FLAN

Ce dessert qui se trouvait au menu de mon événement pop-up au Bar St-Denis, à Montréal, était tout simplement trop bon pour ne pas se retrouver dans mon livre.

PORTIONS	PRÉPARATION	CUISSON	REPOS
4 à 6	40 minutes	1 heure 45 minutes	2 heures

PÂTE À TARTE

120 g (1/2 tasse) de beurre

150 g (1 1/4 tasse) de farine + pour le plan de travail

Une pincée de sel

60 ml (1/4 tasse) d'eau froide

Pois secs (pour la cuisson de la pâte)

FLAN

180 ml (3/4 tasse) de lait

200 ml (4/5 tasse) de lait concentré (« condensé ») sucré

5 jaunes d'œufs

GARNITURES

Crème fouettée

Dulce de leche

Pour la pâte : dans un bol, sabler le beurre avec la farine et une pincée de sel. Former un puits au centre et y verser l'eau très froide. Mélanger avec les mains. Arrêter dès qu'une boule de pâte est formée. Emballer dans une pellicule de plastique et laisser reposer au moins 1 heure.

Sur une surface de travail légèrement farinée, à l'aide d'un rouleau à pâtisserie, abaisser la pâte à environ 5 mm (1/4 po) d'épaisseur et en foncer un moule à tarte de 20 cm (8 po).

Laisser reposer la pâte au réfrigérateur 1 heure.

Préchauffer le four à 220 °C (425 °F).

Déposer une feuille de papier parchemin sur la pâte et ajouter des pois secs par-dessus (pour l'empêcher de gonfler à la cuisson). Cuire la pâte 30 minutes, puis baisser la température du four à 180 °C (350 °F), enlever le papier et les pois et cuire 30 minutes. Retirer du four et réserver.

Pour le flan : dans une casserole, à feu moyen, chauffer le lait et le lait concentré en brassant pour ne pas qu'ils collent au fond. Déposer les jaunes d'œufs dans un bol. Dès le premier bouillon du mélange de lait, couler sur les jaunes d'œufs en fouettant. Passer au tamis et verser dans la pâte.

Baisser le four à 160 °C (325 °F) et cuire de 40 à 45 minutes. Le flan devrait être pris.

Laisser refroidir. Au moment de servir, garnir de crème fouettée et de dulce de leche.

GÂTEAU CHIFFON AU CITRON

PORTIONS	PRÉPARATION	CUISSON	REFROIDISSEMENT
6 à 8	4 heures	1 heure	quelques heures

GÂTEAU CHIFFON

120 g (1 tasse) de farine

1/4 c. à café de bicarbonate de soude

200 g (1 tasse) de sucre + 1/4 c.à soupe

1/4 c. à café de sel

3 œufs, jaunes et blancs séparés

60 ml (1/4 tasse) d'huile de canola

80 ml (1/3 tasse) d'eau

Le jus et le zeste de 1 citron

1/4 c. à café de crème de tartre

Préchauffer le four à 180 °C (350 °F). Huiler un moule en pyrex carré de 20 cm (8 po).

Pour le gâteau chiffon : dans un bol, mélanger la farine, le bicarbonate, 200 g (1 tasse) de sucre et le sel.

Dans un autre bol, fouetter les jaunes d'œufs, l'huile, l'eau, le jus et le zeste de citron. Incorporer aux ingrédients secs à l'aide d'une cuillère en bois. Au mélangeur à main, fouetter les blancs d'œufs, 1/4 cuillère à soupe de sucre et la crème de tartre jusqu'à l'obtention de pics fermes. Plier délicatement dans le premier mélange.

Verser dans le moule préparé, enfourner sur la grille du milieu et cuire de 50 à 60 minutes ou jusqu'à ce qu'un cure-dents inséré au centre du gâteau en ressorte propre. Laisser refroidir complètement sur une grille.

Pour la crème au citron : dans une casserole, à feu doux, mélanger tous les ingrédients, sauf le beurre. Augmenter à feu moyen et fouetter plus vigoureusement, jusqu'à ce que le mélange nappe le dos d'une cuillère.

Retirer du feu et incorporer le beurre, un cube à la fois, en fouettant. Verser dans un bol et couvrir d'une pellicule de plastique. Laisser refroidir quelques heures au réfrigérateur.

Pour la meringue : dans une casserole à fond épais, à feu moyen, chauffer le sucre et l'eau jusqu'à 121 °C (250 °F). À l'aide d'un mélangeur à main, dans un bol, commencer alors à battre les blancs d'œufs à basse vitesse. Retirer le sirop du feu quand il atteint 124 °C (255 °F). Augmenter la vitesse du mélangeur à main et verser le sirop en filet sur les blancs. Mixer jusqu'à l'obtention de pics fermes. Verser dans une poche à pâtisserie et réserver au réfrigérateur.

Verser la crème au citron sur le gâteau refroidi et étaler uniformément. Couvrir de la meringue… au gré de sa fantaisie ! À l'aide d'une torche ou sous le gril (*broil*) du four, dorer la meringue. Réfrigérer au moins 2 heures avant de déguster.

CRÈME AU CITRON

180 ml (3/4 tasse) de jus de citron

3 œufs + 4 jaunes (réserver
3 blancs pour la meringue)

3 c. à soupe de lait

100 g (1/2 tasse) de sucre

1/4 c. à café de sel

120 g (1/2 tasse) de beurre froid,
coupé en gros cubes

MERINGUE

200 g (1 tasse) de sucre

125 ml (1/2 tasse) d'eau

3 blancs d'œufs à température
ambiante

MOUSSE AU CHOCOLAT ET AUX FRAMBOISES

PORTIONS	PRÉPARATION	CUISSON	RÉFRIGÉRATION
4	20 minutes	10 minutes	3 heures

INGRÉDIENTS

180 g (6 oz) de chocolat noir amer

80 ml (1/3 tasse) de lait chaud

2 oz de liqueur de framboises Chambord

1 jaune d'œuf

125 ml (1/2 tasse) de blancs d'œufs

3/4 c. à soupe de sucre

Framboises fraîches

Faire fondre le chocolat au bain-marie.

Verser le lait chaud sur le chocolat fondu et ajouter le Chambord. Incorporer le jaune d'œuf. Réserver.

Dans un bol, battre les blancs d'œufs en neige avec le sucre jusqu'à l'obtention de pics souples. Incorporer au fouet le tiers des blancs montés dans le mélange de chocolat. Fouetter énergiquement. Plier délicatement le reste des blancs d'œufs dans le mélange.

Répartir dans 4 bols et réfrigérer au moins 3 heures. Garnir de framboises fraîches et servir.

PANNA COTTA AU CHOCOLAT BLANC ET À LA RHUBARBE

INGRÉDIENTS

28 g (1 oz) de feuilles de gélatine

125 ml (1/2 tasse) de lait

375 ml (1 1/2 tasse) de crème 35 %

1 gousse de vanille, fendue sur la longueur

100 g (3/4 tasse) de chocolat blanc

GARNITURE À LA RHUBARBE

200 g (1 tasse) de sucre

250 ml (1 tasse) d'eau

3 branches de rhubarbe, coupées en dés de 1 cm (1/2 po)

La panna cotta est mon dessert de prédilection lorsque je reçois pour souper. On peut la préparer d'avance, elle attendra au frigo sans problème jusqu'à ce qu'on la garnisse au moment de la servir ! En plus de passer plus de temps avec les invités et moins dans la cuisine, on peut même laisser ceux-ci en rapporter chez eux à la fin de la soirée (à la condition qu'ils vous rendent les verrines la prochaine fois !).

PORTIONS	PRÉPARATION	CUISSON	RÉFRIGÉRATION
4 à 6	20 minutes	5 minutes	2 heures

Tremper les feuilles de gélatine dans de l'eau glacée pour les ramollir. Retirer de l'eau.

Dans une casserole, à feu doux, chauffer le lait, la crème et la vanille sans porter à ébullition.

Dans un cul-de-poule, déposer le chocolat blanc. Verser le mélange de lait chaud sur le chocolat et mélanger jusqu'à ce qu'il soit fondu. Incorporer la gélatine au mélange pendant qu'il est encore chaud. Répartir la préparation dans des bols et laisser prendre au réfrigérateur au moins 2 heures.

Pour la garniture : déposer les dés de rhubarbe dans un bol résistant à la chaleur. Dans une casserole, à feu moyen, chauffer le sucre et l'eau jusqu'à l'obtention d'un sirop simple. Verser le sirop chaud sur la rhubarbe et laisser refroidir au réfrigérateur.

Garnir les panna cottas de dés de rhubarbe et réserver l'excédent de sirop pour faire des cocktails !

CHAPITRE 10

COCKTAILS

NEGRONI À LA RHUBARBE

INGRÉDIENTS

1 oz de gin infusé à la rhubarbe (voir recette ci-dessous)

1 oz de Suze

1 oz de Lillet

1 gros glaçon

Ruban de rhubarbe

GIN INFUSÉ À LA RHUBARBE

1 paquet de rhubarbe (5 branches)

1 bouteille de 750 ml de London dry gin

Une belle twist sur un de mes cocktails classiques préférés : ma version du Negroni Bianco ! L'amertume déjà bien présente dans ce cocktail se marie parfaitement avec celle de la rhubarbe.

PORTION	PRÉPARATION	MACÉRATION
1	5 minutes	1 mois

Laver la rhubarbe, la couper en dés et la déposer dans des pots Mason. Verser le gin. Infuser le plus longtemps possible, idéalement 1 mois.

Dans un verre à mélanger, verser le gin infusé, la Suze et le Lillet sur de la glace. Mélanger une vingtaine de secondes à l'aide d'une cuillère, puis verser à l'aide d'un tamis de bar dans un verre Old Fashioned. Ajouter un gros glaçon. À l'aide d'un économe, peler un ruban de rhubarbe et en garnir le verre.

ÉCRASÉ DE CONCOMBRE AU RHUM

PORTION	PRÉPARATION	CUISSON	MACÉRATION
1	5 minutes	3 minutes	1 heure

INGRÉDIENTS

1 concombre + quelques dés pour mélanger et quelques tranches pour garnir

3 ou 4 quartiers de citron vert

3 ou 4 feuilles de basilic + pour garnir

5 ou 6 feuilles de menthe + pour garnir

1 1/2 oz de rhum brun

1 oz de sirop infusé au citron vert (voir recette ci-dessous)

Glace

Eau gazéifiée

SIROP INFUSÉ AU CITRON VERT

Le zeste de 4 citrons verts

250 g (1 1/4 tasse) de sucre

310 ml (1 1/4 tasse) de jus de citron vert

Pour le sirop infusé au citron vert : laisser macérer le zeste des citrons verts et le sucre 1 heure. Dans une casserole, chauffer les zestes, le sucre et le jus de citron vert jusqu'à l'ébullition. Passer au tamis et réserver au froid.

Passer le concombre à l'extracteur à jus et réserver 1 oz de jus (à défaut d'extracteur, remplacer par 4 ou 5 rondelles de concombre écrasées au mortier).

Dans un shaker à cocktail, piler au mortier les quartiers de citron vert, quelques dés de concombre, le basilic et la menthe. Ajouter le rhum, le sirop infusé au citron vert, le jus de concombre réservé et de la glace, et agiter vigoureusement.

Passer au tamis dans un verre contenant quelques glaçons et compléter avec de l'eau gazéifiée. Garnir de tranches de concombre et de feuilles de basilic et de menthe.

AMERICANO SHANDY

PORTION	PRÉPARATION
2	5 minutes

INGRÉDIENTS

3 oz de Campari

3 oz de Cynar (ou vermouth rouge, au choix)

1 cannette (355 ml) de Pilsner italienne

2 tranches d'orange

Glaçons

Diviser le Campari et le Cynar entre 2 verres highball (1 1/2 oz chacun). Remplir les verres de glaçons. Verser la bière jusqu'au bord. Garnir chaque verre d'une tranche d'orange. Santé !

MARGARITA À L'ESPELETTE

INGRÉDIENTS

1 citron vert, coupé en quartiers

Sel fin

Piment d'Espelette

1 1/2 oz de téquila

1/4 oz de triple sec

1 1/2 c. à café de jus de citron vert

Quelques gouttes de sauce piquante, au choix

1/2 c. à soupe de sucre glace

Glaçons

Si j'étais sur une île déserte et que, pour m'hydrater, je devais choisir un seul cocktail pour le reste de ma vie (on rêve, là !), ce serait assurément une margarita. Ajoutez-moi un rim *de mon piment préféré et je suis un homme comblé.*

PORTION	PRÉPARATION
1	5 minutes

Mouiller le contour du verre avec un quartier de citron vert. Faire un mélange moitié sel moitié piment d'Espelette pour garnir le tour du verre. Passer le haut du verre dans le mélange de piment d'Espelette.

Dans un shaker à cocktail, verser la téquila, le triple sec, le jus de citron vert, la sauce piquante et le sucre glace. Mélanger vigoureusement avec des glaçons et verser dans un verre. Garnir d'un quartier de citron vert.

PUNCH LE FUN

INGRÉDIENTS

4 citrons verts, coupés en quartiers

Un morceau de gingembre frais de 2,5 cm (1 po), coupé en tranches fines

9 oz de chartreuse verte

2 bouteilles de 375 ml de bière de gingembre

Glace

1 casseau de framboises

PORTION	PRÉPARATION
4 à 6	10 minutes

Piler au mortier les citrons verts avec le gingembre et déposer dans un pichet d'environ un 1,5 litre (6 tasses) ou un bol à punch.

Ajouter la chartreuse et la bière de gingembre. Remplir le pichet de glace et y lancer les framboises. Servir et déguster !

Coleman

PRESQUE UN OLD FASHIONED AU MEZCAL

INGRÉDIENTS

1/2 oz de sirop d'agave

4 ou 5 gouttes d'amer de pamplemousse

1/2 oz d'Apérol

2 1/2 oz de Mezcal

1 lanière de zeste de pamplemousse

Glaçons

Une création de mon bon ami et ancien collègue de travail Erik Systad, cette variante du Old Fashioned au Mezcal saura impressionner vos invités à tous les coups !

PORTION	PRÉPARATION
1	5 minutes

Dans un grand verre à mélanger, verser le sirop d'agave, l'amer de pamplemousse, l'Apérol et le Mezcal. Bien mélanger avec une longue cuillère à cocktail pour bien incorporer le sirop d'agave avec le reste des ingrédients. Remplir le verre de gros glaçons. Mélanger pendant 1 minute.

Placer un tamis à cocktail au-dessus d'un verre à whisky contenant un gros glaçon (cube ou sphère) et verser le mélange. Torsader le zeste de pamplemousse, le passer sur le pourtour du verre pour l'aromatiser, puis l'utiliser en garniture.

LISTE DES RECETTES

SALADES

SANDWICHS

SOUPES

VIANDES

MERCI

Famille : Mom, Pops, Denis, Sylvie B, Mami et Papi St-Cerny, Mami et Papi Dagenais, mes 3 frères : Maxime, Louis, Alexandre. Mon filleul Arlo, Jackie, Johanne, Claude, Pierre, Anne-Marie, JF, Manon, Bernard, Sylvie D, Paul, Maxime-Olivier, Béatrice, Tatiana, Valérie, Guillaume, David.

Ami(e)s : Daniel Walfish, Vincent Gignac, Françis Lapierre, Brian Finn (manfriend), Marie-Wolf, Billie, Kyle Thomas, LP, Ren Rob, Marie-Mich, David et Benjamin Gauthier, Ahmed, Léa, Victor, Zach, Maz, Amanda, Stéphane, la famille Caudrelier, Pascale, Simon, la famille St-Laurent, Hugo, Étienne, Catherine, Mike, Franck, Erik, Kirk, Richard, Matt, Kyle, Big Bricc, Léonie, Louis T, Jamie N, Yutaka, Cole, Max & Mat Nantais, Aaron, Ian, Vincent D, Mat, Nat, Lauraine, Jade, Mac, Jeff, Jorge, Oli, Yohan, Shawn, Hugo, Yoshi, Robin, Charles, Matt, Andrew, Max, Marty, Jade, Audrey, Mark le viking, la famille Francoeur. David Lee, Giovanni, la famille Stavropoulos. Whoogys, Dime, Mehraton, Vans, Traeger.

Équipe du livre : Brian Finn, Renaud Robert, William Langlais, Isabel Tardif, Ann Châteauvert, Roxane Vaillant, Julien Rodrigue, Florence Bisch, JP et tout le reste de l'équipe du Groupe Homme.

Agence Dulcedo : Benjamin Carter, Karim S. Leduc, Karim Rekik, Bianca Ricchetti.

Merci à mon frère Max de toujours me soutenir dans mes projets et de m'aider à les rendre à terme.

Merci à Ceragres de nous avoir laissé utiliser leurs tuiles pour les photos.

Merci à mon assistant Vincent qui m'a aidé à finir le livre à temps malgré les délais plus que courts.

Merci à Réal Francoeur et son four à pain légendaire. Merci à Couteaux CLK de me fournir avec les meilleures lames.

Merci à David et Emily du Bar St-Denis pour leur aide incroyable à la réalisation du livre.

Une chose est certaine, rien n'aurait été possible sans la rencontre de ma copine Amandine. C'est après quelques soirées à me regarder me filmer dans ma petite cuisine du Vieux-Longueuil qu'elle m'a offert de prendre le contrôle de la caméra. J'étais réticent à cette idée, mais j'ai fini par accepter. J'ai vite compris que nous tenions quelque chose qui avait le potentiel de devenir viral.

J'ai l'impression que c'est impossible de ne pas oublier quelqu'un alors merci à tout le monde qui a contribué directement ou indirectement à la conception de ce livre.

Merci à tout le monde qui se sera rendu jusqu'à la section des remerciements !

Peace !

RIP Mia Van Del Dool, 1990-2021.
RIP Dillon Ojo, 1995-2018.

Toujours faim !

@laurent. dagenais   @laurent. dagenais

Cet ouvrage a été achevé d'imprimer sur les presses
d'Imprimerie Transcontinental, Beauceville, Canada